MARCO POLO

SHANGHAI

MARCO POLO Autoren
Sabine Meyer-Zenk, Hans-Wilm Schütte

Die Geografin Sabine Meyer-Zenk hat mehrere Jahre in Shanghai gelebt und schwärmt: „Die Sehnsucht führt mich immer wieder zurück in meine Stadt." Dr. Hans-Wilm Schütte, Sinologe und Publizist, kennt Shanghai, Hangzhou und Suzhou seit 1983. Ihn fasziniert besonders Chinas klassische Kultur. Für MARCO POLO schreibt er auch die Bände „China", „Peking" und „Hongkong".

www.marcopolo.de/shanghai

← UMSCHLAG VORN:
DIE WICHTIGSTEN HIGHLIGHTS

Die besten Insider-Tipps → S. 4

Best of ... → S. 6

Sehenswertes → S. 26

Essen & Trinken → S. 56

SYMBOLE

- INSIDER TIPP: Insider-Tipp
- ★: Highlight
- ●●●●: Best of ...
- Schöne Aussicht
- Grün & fair: für ökologische oder faire Aspekte
- (*) kostenpflichtige Telefonnummer

PREISKATEGORIEN HOTELS

€€€	über 160 Euro
€€	80–160 Euro
€	unter 80 Euro

Die Preise gelten für ein Doppelzimmer pro Nacht ohne Frühstück

PREISKATEGORIEN RESTAURANTS

€€€	über 20 Euro
€€	10–20 Euro
€	unter 10 Euro

Die Preise gelten für ein für das jeweilige Lokal typisches Essen, Getränke nicht inbegriffen

Auf dem Titel: Pudong wächst in den Himmel S. 48 | Künstlerviertel Moganshan Lu S. 69

Einkaufen → S. 66

Am Abend → S. 74

Übernachten → S. 82

Cityatlas → S. 128

GUT ZU WISSEN

Pingpong & Boxenstopp → S. 36
Entspannen & Genießen → S. 40
Bücher & Filme → S. 51
Richtig fit → S. 54
Gourmettempel → S. 60
Spezialitäten → S. 62
Luxushotels → S. 86
Was kostet wie viel? → S. 117
Währungsrechner → S. 119
Wetter → S. 120

KARTEN IM BAND

(130 A1) Seitenzahlen und Koordinaten verweisen auf den Cityatlas
(0) Adresse liegt außerhalb des Kartenausschnitts
Es sind auch die Objekte mit Koordinaten versehen, die nicht im Cityatlas stehen
Umgebungskarte auf S. 140/141, Citypläne Hangzhou und Suzhou auf S. 142 und S. 143
Einen Metroplan finden Sie im hinteren Umschlag

UMSCHLAG HINTEN: FALTKARTE ZUM HERAUSNEHMEN →

FALTKARTE
(A–B 2–3) verweist auf die herausnehmbare Faltkarte

Die besten MARCO POLO Insider-Tipps

Von allen Insider-Tipps finden Sie hier die 15 besten

INSIDER TIPP Wenn die roten Lampions leuchten
Am frühen Abend in der Fangbang Lu (Old China Street) zeigen sich Shanghais Gegensätze im schönsten Licht: hier Laternen und kleine Läden, in der Ferne die glänzenden Wolkenkratzer → S. 34

INSIDER TIPP Piekfeiner Laden
Der Club M1NT ist der richtige Ort zum Sehen und Gesehenwerden: Machen Sie sich extrafein, wenn Sie sich ins Nightlife der allerfeinsten Kreise der Stadt stürzen! → S. 79

INSIDER TIPP Literarisch gesehen
Im Lu-Xun-Museum wird ein Prosagedicht des großen Schriftstellers visualisiert – die Worte betören, der Klang der chinesischen Sprache verzaubert → S. 52

INSIDER TIPP Trendsetter
Im Urbn Hotel erzählen die alten Ziegelsteine von gestern modernes Design und Ökologie von morgen → S. 87

INSIDER TIPP Ein Hauch von Zen ...
... macht das meisterlich ausgeführte Design im Zen Lifestore so besonders – und die schönen und funktionalen Dinge zu einer Zierde für jedes Zuhause → S. 73

INSIDER TIPP Schön wie ein Gedicht
So erlebt man Hangzhous Westsee nur bei einer handgeruderten Gondelfahrt – kein Vergleich zu dem Gedränge auf den überkandidelten Tourikreuzern → S. 94

INSIDER TIPP Einfaches Mahl an erhabenem Ort
Schlürfen Sie eine köstliche Nudelsuppe im Longhua-Tempel und lassen Sie dann im Turm nebenan die Glocke klingen, um sich von allen Sorgen zu befreien (Foto o.) → S. 51

INSIDER TIPP Mode made in Shanghai
Das Label INSH steht für phantasievolle Mode original aus Shanghai – zu finden in der International Artist Factory im alten Viertel um die Taikang Lu → S. 70

INSIDER TIPP Taschen für Trendsetter

Täschchen aus Knautschlack mit Goldschloss und Bommeln üben zweifellos ihren eigenen Reiz aus. Aber die handgearbeiteten Beutel, Handtaschen und Rucksäcke von Yamado erzählen Geschichten – vom Leben in Steppen und Wäldern → S. 71

INSIDER TIPP Flöte überm Gartenteich

Oder Opernarie im Pavillon: Dieses und manches mehr an klassisch-chinesischer Unterhaltungskunst gibt es am Abend in einem Suzhouer Literatengarten zu erleben: beim Kulturprogramm im Wangshi Yuan (Foto u.) → S. 101

INSIDER TIPP Junger Jazz in altem Club

Theo Croker, der junge Startrompeter und Komponist, mischt Mississippi-Sound und Himalaja-Klänge. Mit seinem Sextett bringt er im altehrwürdigen Jazzclub des Fairmont Peace Hotels das Publikum zum Swingen → S. 78

INSIDER TIPP Wolkenkratzer – gestern und heute

Einen Logenplatz mit Blick auf architektonische Vergangenheit und Zukunft finden Sie auf der Dachterrasse des Starbucks → S. 43

INSIDER TIPP Pionierarbeit

In einer alten Textilfabrik blüht Shanghais erste grüne Gartengemeinschaft: Jiashan Market. Mit ökologischem Bedacht eingerichtete Caférestaurants punkten mit frischer Biokost → S. 59

INSIDER TIPP Unterirdische Bühne

Auf den Schwingen eines Kranichs entschweben – in die phantastische Welt des Musicals. Das Shanghai Culture Square ist die modernste Konzerthalle der Stadt → S. 81

INSIDER TIPP Kulturzentrum

Das Rockbund Art Museum ist ein kultureller Mittelpunkt im wiederbelebten Viertel am nördlichen Bund: zum Schauen, Kunst erleben und Mitmachen → S. 32

BEST OF ...

TOLLE ORTE ZUM NULLTARIF

Neues entdecken und den Geldbeutel schonen

SPAREN

- ***Staunen im Shanghai Museum***

Vier Etagen voll wunderbarer Werke der klassisch-chinesischen Kunst, und alles gratis zu bestaunen! Dank englischer Beschriftungen finden Sie sich auch ohne kostenpflichtige Audioführung zurecht (Foto) → S. 46

- ***Besuch des Märtyrerparks***

Ungeheuer lehrreich ist der Besuch, wenn man die Anfänge des Kommunismus verstehen will. Der weitläufige Park ist den Opfern des Arbeiteraufstands von 1927 gewidmet. Das *Memorial Museum* dokumentiert Leben und Kampf der roten Revolutionäre → S. 52

- ***Kunstgenuss in der M 50 – Moganshan Lu***

Gucken kostet hier nichts: In dieser Kolonie der Galerien können Sie sich einen ganzen Vormittag lang perfekt unterhalten. Denn es gibt viele interessante Werke zu betrachten. Und immer ist jemand da, der Zeit für ein Gespräch über zeitgenössische Kunst in China hat → S. 69

- ***Das Leben studieren im Lu-Xun-Park***

Ein besonderer Ort: Man trifft sich zum Singen und Tanzen, überall wird geflötet und gegeigt, die Älteren üben Taijiquan oder wetteifern beim Kartenspiel. Hier begreift man: Lebensfreude kann man nicht kaufen. Aber miteinander teilen → S. 52

- ***Insel Gu Shan in Hangzhou***

Den Westsee können Sie vom Ufer aus sowieso gratis erleben, aber die Insel *Gu Shan* bietet mehr kostenloses Vergnügen: das Provinzmuseum, das klassische Anwesen der Siegelschnitzergesellschaft, den Sun-Yat-sen-Park und den Uferpavillon „Herbstmond überm stillen See" → S. 95

- ***Suzhou-Museum***

Das wunderbare Museum, von Stararchitekt Ieoh Ming Pei für die Stadt seiner Vorfahren entworfen, verlangt kein Eintrittsgeld. Als ebenfalls kostenlose Zugabe gibt es eine moderne Adaption klassischer Gartenkunst, geruhsam zu erleben von einem gläsernen Pavillon aus → S. 100

Diese Punkte zeichnen in den folgenden Kapiteln die Best-of-Hinweise aus

TYPISCH SHANGHAI

Das erleben Sie nur hier

Cappuccino mit Aussicht

Die Hochhäuser in Shanghai sind Himmelsstürmer. Es ist ein einzigartiges, grandioses Erlebnis, im Restaurant *100 Century Avenue* im Shanghai World Financial Center einen Cappuccino zu trinken, die gigantische Metropole und den breiten Huangpu-Fluss zu Füßen, und auf das wunderbare Jin Mao Building hinabzublicken → S. 60

Shanghainesisch schlemmen

Mmmh, das Essen im *Yè Shanghai* ist sooo gut! Wenigstens einmal sollten Sie Ihren Gaumen mit Delikatessen erfreuen, die typisch für diese Stadt sind. Denn die Leute wissen hier einfach, was gut schmeckt! → S. 64

Durch die chinesische Altstadt schlendern

Schlagen Sie sich abseits der Touristenpfade in die kleinen Gassen und folgen Sie ihnen auf krummen Wegen. Grüßen Sie die alten Damen, die warm verpackt im Liegestuhl stricken, versuchen Sie ein Schwätzchen mit dem Altherrenclub: Die Freundlichkeit hier, das ist typisch *shanghainese!* (Foto) → S. 33

Bar mit Pudong-Panorama

Am Bund sind die Cocktails zwar teuer, aber doch günstig verglichen mit denen in New York, Tokio und Paris. In der Bar *New Heights* wird außerdem ein phantastischer Panoramablick auf die funkelnde Skyline von Pudong geboten → S. 79

Hangzhou: Über den Su-Damm bummeln

Was den *Westsee* so besonders macht, dass sogar Pekings Kaiser ihn nachbilden ließen, sind die Dämme, auf denen Sie ihn trocknen Fußes durchschreiten können. Der Su-Damm ist der längere von beiden – mehr Anstrengung bedeutet hier auch mehr Genuss → S. 95

Suzhou: Sich im Liu Yuan verirren

Der verzwickteste der Gartenpaläste bietet mit seinen vielen großen und kleinen Innenhöfen die meisten Überraschungen – typisch für das Raffinement der *Suzhouer Gartenarchitektur*. Ernsthaft verlaufen kann man sich dann doch nicht, aber ein bisschen Verwirrung liefert zum Sinnenkitzel eine schöne Prise Spannung → S. 98

TYPISCH

BEST OF ...

SCHÖN, AUCH WENN ES REGNET

Aktivitäten, die Laune machen

REGEN

- ***Wärmende Shanghaier Küche***
  Wenn es draußen neblig, düster und feucht ist, sitzt man am besten im Restaurant *Xiang Zhang Garden* über dampfenden Schüsseln und blickt hinaus auf die Hengshan Lu → S. 64

- ***Bananenblattmusik im Yu Yuan***
  Lauschen Sie dem Klang der Regentropfen auf den großen Bananenblättern: Deshalb wurden die Stauden ja angepflanzt, und zwar in Hörweite von Wandelgängen oder Pavillons, sodass man selbst im Trockenen bleibt → S. 36

- ***Boliden im Regen***
  Boxenstopp ist angesagt, wenn die ersten Tropfen auf dem *Shanghai International Circuit* in Anting fallen. Schnell werden die Reifen gewechselt – und für die Zuschauer wird die Formel-I-Rennstrecke dann so richtig spannend → S. 36

- ***Der Einkaufslust frönen***
  Souvenirjäger geraten hier bei jedem Wetter ins Schwärmen. Aber an Regentagen ist es fast gemütlich im *Yuyuan-Basar:* Dann ist er nämlich nicht ganz so überlaufen wie sonst → S. 73

- ***Teemuseum in Hangzhou***
  Zum *Teemuseum* passt ein Schauer perfekt, denn die Plantagen, auf die man dort blickt, lieben das himmlische Nass, das die Blätter glänzen lässt. Ist der Regen nach der Besichtigung noch nicht vorbei, lässt sich gleich eine Teeverkostung anschließen (Foto) → S. 93

- ***Garten Canglang Ting in Suzhou***
  Gewiss: Alle Literatengärten entfalten bei Regen ihren eigenen Reiz, aber nur im *Canglang Ting* führen Wandelgänge außer zu den Wohngebäuden auch einmal rings um den Garten. So kann man draußen spazieren, ohne nass zu werden → S. 98

ENTSPANNT ZURÜCKLEHNEN

Durchatmen, genießen und verwöhnen lassen

ENTSPANNT

Sich durchkneten lassen

Wer einmal in den Händen von erfahrenen Meistern der Massage war, wird das nie mehr missen wollen – und sich an vielen Orten der Erde nach einem chinesischen Massagesalon zurücksehnen. Testen Sie den bei Shanghaiern beliebten *Congen Massage Healthcare Club* → S. 40

Cocktail mit Strandgefühl

Ja, das gibt's: am *Sunny Beach* in den Cool Docks. Hier können Sie Ihren Sundowner im Liegestuhl unterm Sonnenschirm schlürfen und die Flussdampfer dahinziehen sehen (Foto) → S. 75

Chillen am Jacuzzi

Die *Vue Bar* ist nicht nur wegen ihrer Aussicht auf Bund und Pudong berühmt: Auf der Terrasse laden bei schönem Wetter bequeme Tagesbetten zum Ausruhen ein, die Füße kann man in einem Jacuzzi kühlen → S. 79

Luxus-Spa

Im Peace Hotel seinen Frieden finden: Das ist möglich in einem der luxuriösesten Spas der Stadt, dem *Willow Stream Spa.* Eine Massage mit duftenden Ölen löst auf wundersame Weise alle Verspannungen. Hinterher im Pool unter dem Glasdach planschen gehen, und Sie können den Abend verjüngt entgegensehen → S. 86

Teehaus Wanghu Lou in Hangzhou

In Hangzhou kann man nicht ortstypischer entspannen als bei einer Tasse Drachenbrunnentee am Westsee, zum Beispiel im Teehaus „Seeblick". Nehmen Sie nicht die billigste Sorte! Die teuren bieten entschieden mehr Genuss → S. 96

Garten Tingfeng Yuan in Suzhou

Eigentlich taugten alle Gärten in Suzhou zum Entspannen, wäre da nicht der Besucherrummel. Dem entgeht man in den kleinen, weniger bekannten Anwesen wie diesem. Ein Teeausschank rundet den Genuss noch ab. Schöner kann China kaum je werden → S. 99

AUFTAKT

ENTDECKEN SIE SHANGHAI!

Wenn die Sonne über der Stadt aufgeht, sollten Sie an der Uferpromenade, dem alten Bund, stehen. Dort begrüßt Sie das tiefe Horn der Jangtse-Fähren und das Tuckern der Schleppkähne, die schwer beladene Barken hinter sich herziehen, auf dem träge dahinfließenden Huangpu. Hier fühlt man sich willkommen unter den Menschen, die mit stiller Hingabe Qigong üben oder den Tag mit einem Tango beginnen. Man muss erleben, wie die kolonialen Prachtbauten, Relikte einer großen Vergangenheit, aus dem Nachtschatten treten und drüben, am anderen Ufer, eine Skyline aus dem Morgennebel auftaucht, die an einen Science-Fiction-Film erinnert.
China, das mit 1,34 Mrd. Menschen bevölkerungsreichste Land der Erde, erobert seinen Platz in der globalen Ökonomie und in der internationalen Politik. Das riesige Reich will an die Spitze, und Shanghai spielt dabei die Vorreiterrolle. Vom bedenkenlosen Gigantismus berauscht, wetteifert man um Superlative. Die Stadt ist stolz auf zwei der höchsten Wolkenkratzer der Welt, auf die anspruchsvollste Formel-1-Renn-

Bild: Teehaus Huxinting und Skyline von Pudong

strecke – und auf den schnellsten Zug: Der Transrapid schwebt regelmäßig zum Flughafen Pudong. Zur Weltausstellung schließlich hat sich die Stadt noch einmal neu erfunden: Ein heruntergekommenes Wohn- und Fabrikviertel beiderseits des Flusses wurde dem Erdboden gleichgemacht, um Ausstellungshallen zu bauen, und Shanghai wurde hypermodern umgestaltet getreu dem gewählten Motto: Eine bessere Stadt, ein besseres Leben.

Dass man in China ist, wird einem erst so richtig bewusst, wenn man sich unter die Menschen mischt. Der Großraum Shanghai hat rund 23 Mio. Einwohner – ein Stadtvolk, das ständig in Bewegung ist: der Strom der Fußgänger in der Nanjing Lu, die Pulks der Pendler in den überfüllten Bussen und die Schwärme der Fahrradfahrer. Die Shanghaier arbeiten unermüdlich, kaufen unentwegt ein und essen ständig und überall, so scheint es. Nur in den Gassen der Altstadt vollzieht sich das Leben in einem gemächlicheren Tempo. Wenn die Sonne scheint, wird Wäsche auf langen Stangen getrocknet, zwischen den Straßenbäumen schaukeln Unterhosen auf Drahtbügeln. Die Anwohner stellen Tische und Stühle in die Gassen und breiten ihre Schlafdecken zum Lüften darauf aus. Alte Frauen stricken, Verkäufer schlafen in ihren Liegestühlen, Männer beugen sich über Brettspiele.

Die Shanghaier – ein Stadtvolk, das ständig in Bewegung ist

Breit gefächertes Angebot: Die Nanjing Lu ist die Einkaufsmeile der Megacity

Anmutig wie eine Pagode: das elegante Jin Mao Building

Blickt man wieder auf die Skyline, glänzt das Jin Mao Building in der Sonne, dieser elegante Turm aus Stahl und Glas, anmutig wie eine Pagode. Mit seinen 421 m ist es eines der höchsten Gebäude der Welt und wohl das schönste. Neben ihm verblassen all die anderen Wolkenkratzer, sogar sein ihn um 71 m überragender Nachbar, das Shanghai World Financial Center, ein eigentlich recht eleganter Bau. Neben diesen beiden Landmarken in Pudong schraubt sich langsam ein einzigartiges Gebilde in die Höhe, um das Trio komplett zu machen: Der Shanghai Tower soll bis zum Jahr 2014 eine Höhe von 632 m erreichen und damit das weltweit zweithöchste Gebäude werden. Als erstes „grünes", unter ökologischen Gesichtspunkten geplantes Hochhaus der Welt gibt er Anlass zur Hoffnung. Ob der dynamische chinesische Geist, den der Bau mit seiner gedrehten Form versinnbildlichen will, wohl zukünftig mehr Rücksicht auf die Natur nimmt? Im letzten Jahrzehnt war das nicht so: Insgesamt sind mehr als 3000 Hochhäuser von über 35 m Höhe auf dem schwankenden Untergrund von Shanghai entstanden.

Schon einmal in der Geschichte Shanghais gab es eine solch atemberaubende Dynamik: Im 19. Jh. erkannten die Briten die hervorragende wirtschaftsgeografische Lage der Manufaktur- und Hafenstadt. Nördlich der Stadt mündet der Huangpu in den Jangtse. Dieser gewaltige Strom erschließt das Innere des riesigen Landes und gewährte den Zugang zu seinen wichtigsten Gütern: Tee, Porzellan und Seide. Die Briten erzwangen mit dem Opiumkrieg 1842 die Öffnung des Hafens für den internationalen Handel. Zusammen mit Amerikanern und Franzosen errichteten sie ihre Handelshäuser am Huangpu und feuerten das urbane Kraftwerk an. Shanghai stieg zur Weltmetropole auf. Im „goldenen Zeitalter" von 1900 bis 1941 entstanden die Kolonialbauten am Bund, die Kaufhäuser in der Nanjing Lu, die eleganten Clubhäuser, Art-déco-Hotels und die Wohnhäuser im Französischen Viertel. Eine Vorstellung von der Grandeur jener Ära bekommen Sie, wenn Sie durch die alten Platanenalleen wandern, über Gartenmauern spähen oder durch schmiedeeiserne Zäune lugen: In verwilderten Gärten stehen Villen mit Erkern, Türmen und Säulenportalen, Flügeltüren führen auf schattige Veranden. Fotos aus der damaligen Zeit zeigen, dass die Reichen wussten, wie man Feste feiert.

Shanghai wurde mit dem Prädikat „Paris des Ostens“ für seine Eleganz geadelt und kam als die verruchteste Stadt des Orients zu zweifelhaftem Ruhm. Ein Heer von Arbeitern schuftete unter elenden Bedingungen für die wirtschaftliche Blüte. Jeden Morgen wurden die Leichen der verhungerten Bettler eingesammelt. Unter den Studenten und Gebildeten wuchs der Unmut über die Zustände: 1921 wurde in der Französischen Konzession die Kommunistische Partei Chinas gegründet. Mit dem „Shanghai-Massaker“ vom April 1927 ließ Chiang Kai-shek die Arbeiterbewegung zerschlagen, die Kommunisten flohen in die Berge. Es folgte ein weiteres Jahrzehnt ungehemmter wirtschaftlicher Entwicklung. Rund 60 000 Ausländer aus über dreißig Nationen lebten hier, als 1937 die Japaner nach monatelangen Bombardements die 3,7 Mio. Einwohner zählende Stadt besetzten. Damit begann der Abstieg Shanghais.

Nach Jahren des Bürgerkriegs zogen 1949 die Kommunisten in Shanghai ein. Das Glücksspiel wurde verboten, Bordelle wurden geschlossen, Drogenabhängige und Prostituierte „umerzogen“, Slums beseitigt, die Kinderarbeit verschwand. Keiner hungerte mehr, es sei denn nach Freiheit: Die Regierung in Peking führte Shanghai hart am Gängelband – galt es doch, der Stadt das kapitalistische Denken, das bourgeoise Handeln, die westliche Dekadenz auszutreiben. Die Unterordnung noch aus Kolonialzeiten gewohnt, marschierten die Shanghaier zum Klang der Sirenen in die Fabriken und produzierten die landesweit besten Produkte, ohne deren Profit einzustreichen: Shanghai diente Peking als „Melkkuh“. Irgendwann war die stolze Stadt gefallen. Der Ruß aus den vielen Fabriken hatte die Häuser geschwärzt, die Indoktrination die Menschen in ihren grauen Plattenbauten verstummen lassen.

Der Fortschrittsglaube manifestiert sich in Beton, Stahl und Glas

Mit der Liberalisierung in den 1980er-Jahren begann die sozialistische Tristesse auch aus Shanghai zu weichen, doch erst ab 1992 durfte sich die Stadt frei entfalten. Man investierte Milliardenbeträge in die Infrastruktur, eine Sonderwirtschaftszone in Pudong lockte ausländische Investoren an. Ganze Viertel mussten Bürohochhäusern weichen. Fabriken, die unter Lärm und Gestank produziert hatten, wurden ausgelagert und machten Platz für Wohnquartiere und Parks. Am People's Square entstand die Oper, Glanz und Vergnügen hielten wieder Einzug. Der futuristische Fernsehturm Oriental Pearl Tower wurde unübersehbares Zeichen der neuen Stadt. Unternehmerische Energie, jahrelang unterdrückt, bricht sich nun wieder Bahn, und der Glaube an den Fortschritt manifestiert sich in Beton, Stahl und Glas.

Für pittoreske Altstadtviertel gibt es in der auferstandenen Metropole keinen Platz mehr. Schätzungsweise 2,5 Mio. Bewohner wurden laut Amnesty International allein von 1990 bis 2003 im Zuge der Stadterneuerung in Trabantenstädte umgesiedelt. Viele leben heute in besseren Wohnverhältnissen, weil sie aus lichtlosen und übervölkerten Gemäuern in Apartments gezogen sind, die über Bad und Küche verfügen und jedem Bewohner 10 m² Wohnfläche zugestehen. Gewachsene Nachbarschaften sind dafür zerbrochen, und ein Lebensgefühl ist verloren gegangen. Aber für Gefühle ist sowieso wenig Platz in Shanghai. Was im postkommunistischen China zählt, ist

Geld. Wer clever ist, kann in Shanghai sein Glück machen. Die Goldgräberstimmung lockt Chinesen aus Amerika und Hongkong zurück ins Land ihrer Väter. Die jungen Auslandschinesen sprechen perfektes Englisch und kleiden sich extravaganter als die Volksgenossen, daran erkennt man sie im elitären Club *M1NT.* Die Neureichen stellen ihren Reichtum selbstbewusst zur Schau: S-Klasse-Mercedeskarossen sind der Renner.

Beim Kartenspiel im Volkspark zeigt sich Shanghai von seiner geruhsamen Seite

Während die Reichen in Nobelrestaurants dinieren, schuften auf den Baustellen die Arbeiter im grellen Scheinwerferlicht. Die harten, gefährlichen Jobs gehören den Wanderarbeitern. Das britische Magazin „The Economist" hat sie als Sklaven bezeichnet, weil sie rechtlos sind und brutal ausgebeutet werden – ca. 5 Mio. von ihnen leben in der Stadt. Wenn sie Arbeit haben, geht es ihnen hier aber besser als in den ländlichen Provinzen, aus denen sie geflohen sind. China ist ein Entwicklungsland, das vergisst man in Shanghai leicht. Vielen Bürgern geht es so gut wie nie zuvor. Sie arbeiten hart und glauben wieder an die Zukunft. Die Angst vor staatlicher Willkür schwindet, eine neue Freiheit des Denkens, Redens und Handelns wächst.

Die aufregendste Metropole der Welt

Unbändiger Gestaltungswille, phantasievolle Kunst und vibrierende Kultur, alles Neue Chinas wird hier ausprobiert: Das ist es, was Shanghai zur aufregendsten Stadt der Welt macht. Es sind die Menschen, deren unermüdliche Kraft die Metropole im Takt der Zukunft pulsieren lässt. Abends am Bund spürt man ihren fröhlichen Optimismus. Abends, wenn die wunderbare, funkelnde, elektrische Nacht anbricht – und Shanghai zur Schönheit wird.

IM TREND

1 Art District

Neue Kunst in alten Hallen Ehemalige Lagerhallen mausern sich zum Kunst-Hotspot. So auch die *North Bund Art Zone (Yangshupu Lu 2361)*, in der sich die *Yibo Gallery (www.yibo-art.com)* und die *Fu Xin Gallery (www.fuxingallery.com.cn, Foto)* befinden. Im *Lagerhaus Nr. 713 (Dong Daming Lu 713)* mit Adressen wie dem *Ddm Warehouse (www.ddmwarehouse.org)*, dem *Dong Daming Art Centre* und dem *Endless International Art Center* begegnen Sie Newcomern bei wechselnden Ausstellungen.

2 Bohème Shanghai

Shanghai goes Style Sie nennt sich „Generation Bohème" und shoppt in kleinen Läden im Norden des Stadtteils Xuhui. Die Fashion-Elite Shanghais pflegt ihren Street-Style in Designerzusammenschlüssen wie dem *Creative Bazaar (bazaar.creative.googlepages.com)*. Wer sich ihren Stil aneignen will, begibt sich zu *Eno*, dem Laden für „Homegrown Urban Wear". Eine bunte Shopping-Oase *(Changle Lu 139-23, www.eno.cn, Foto)*. Die passenden Accessoires gibt's im *Christine Tsui Fashion Club (Xinle Lu 24)*.

3 Dessert hoch 3

Süßes Shanghai Leichte und weniger süße chinesische Desserts erleben einen Boom. Wer sich traut, sollte den Tofu-Pudding von *Sweet Dynasty* probieren *(Huaihai Zhonglu 300)*. Nicht ganz so ungewöhnlich sind die Kreationen von *Ichido (z. B. Super Brand Mall, Lujiazui Xilu 168, www.ichido.com.cn)*. Auch bei *Honeymoon Dessert (z. B. Joy City Shopping Mall, Xizang Beilu 166, www.honeymoon-dessert.com)* und im *Bellagio (Shuicheng Lu, www.bellagiocafe.com.cn)* gibt es leckere asiatische Desserts wie süße Suppen oder Dimsum.

Drahtesel-Boom

4

Zukunftsinitiativen Shanghai will fahrradfreundlicher werden und sich bald „Bike City" nennen dürfen. Eine Initiative, die dazu beiträgt, ist das neu eingeführte *Bike Sharing System.* Für einen kleinen Pfandbetrag und geringe Gebühren können Sie sich an mehreren Stationen Fahrräder ausleihen *(www.chinarmb.com).* Wer es noch umweltfreundlicher will, besorgt sich ein Fahrrad aus Bambus. Die *Shanghai Bamboo Bikes* werden ganz nach den Wünschen der Kunden gefertigt *(www.shanghaibamboobike.com).* Um Nachhaltigkeit und eine grüne Zukunft geht es auch Susan Evan. Sie hat die Organisation *Kplunk* gegründet, die mit Initiativen wie dem *Coolbike Ride* versucht, Fahrradfahren populärer zu machen *(www.kplunk.com, Foto).*

Camping in the City

5

Natur erleben Wolkenkratzer, Straßenschluchten und Verkehr – immer mehr Shanghaier wollen dem Großstadtleben entfliehen und Natur erleben. Ein Campingausflug kommt da gerade recht. Richtig gelesen: Auch um eine der größten Städte der Welt herum gibt es Zeltplätze. Fernab vom Großstadtlärm im *Dongping National Forest Park* campen Sie in idyllischer Lage beim Huangpu-Fluss *(Chongming Island, der Beschilderung folgen).* Näher an der City und doch im Grünen bietet das *Meadowbrook Equestrian and Rural Activity Center* Abenteuer, Natur und einen Campingplatz zum Übernachten *(Shenzhuan Gonglu 2780, Qingpu, www.meadowbrookshanghai.com, Foto).* Die richtige Ausrüstung wie Zelt, Heringe und Schlafsack gibt's bei *Yehuo Outdoor Outfitter (Changle Lu 296, Luwan District, www.yehuo.com).*

STICHWORTE

AUSLÄNDER

Nach dem Opiumkrieg 1839–42 erwirkten die Briten, US-Amerikaner und Franzosen Exterritorialrechte für ihre Handelsniederlassungen. Die Ausländer bildeten einen Staat im Staat mit eigener Regierung, Gerichtsbarkeit, Steuerhoheit und eigenen Schutztruppen. Während die Franzosen ihre Konzession durch einen Generalkonsul verwalten ließen, legten Briten und Amerikaner ihre Siedlungen zum „International Settlement" zusammen. Die Stadt mit der modernsten Infrastruktur des Orients zog Menschen aus allen Schichten und Ländern an. Die Sicherheit der Konzessionen machte sie auch zum Zufluchtsort für Chinesen, die vor Rebellion und willkürlicher Herrschaft flohen.

1930 lebten in den Konzessionen etwa 1 Mio. Chinesen und 50 000 Ausländer. Den größten Anteil stellten die Japaner, gefolgt von den Briten und vielen Russen, die nach der Oktoberrevolution 1917 emigriert waren. Neben Amerikanern und Franzosen lebten rund 2000 Deutsche in Shanghai. 1937 okkupierten die Japaner das Viertel Hongkou, 1941 besetzten sie auch die Internationale Niederlassung und internierten die Angehörigen der alliierten Mächte. 1943 verzichteten die Westmächte auf ihre Rechte. Nach der Machtübernahme der Kommunistischen Partei 1949 mussten die Ausländer die Stadt verlassen.

Heute leben im Großraum Shanghai und Jangtse-Delta rund zwei Drittel aller deutschen Staatsbürger in China. Mit

Bild: Shanghai Oriental Art Center

Pyjamas und Designerklamotten: Moden und andere Merkwürdigkeiten aus der neuen Hauptstadt Asiens

über 15 000 Mitgliedern bildet Shanghai damit die größte deutsche Gemeinde in Ostasien.

BAUEN FÜR BRÄUTE

In Pudong wollen die Hochhäuser die Sterne kitzeln, und jenseits der Bürotürme wuchert der steinerne Wald: Straßenlang und himmelhoch stehen die Apartmenthäuser in Reih und Glied. So viel Angebot, und dennoch stöhnt das Volk unter steigenden Immobilienpreisen. Während das Verhältnis von Einkommen zu Ausgaben für Lebensmittel besser geworden ist, reißen die Wohnkosten ein immer größeres Loch ins Familienbudget.

Schuld daran, knurren die Shanghaier Väter, ist die neue Töchtergeneration. Statt brav und bescheiden wie einst ihre Mütter bei den Eltern des Mannes einzuziehen und sich unter die Fuchtel der Schwiegermama zu stellen, fordern sie zur Hochzeit ein eigenes Apartment! Und weil die Shanghaier Frauen nicht nur lieb, sondern auch durchsetzungsstark sind, legen ihnen die Bewerber dieses Brautgeschenk aus Beton zu Füßen.

DRACHEN

Drachen sind in China keine gefürchteten Ungeheuer, sondern beliebte Glückssymbole. Shanghai wird gern als „Drachenkopf am Jangtse" bezeichnet: Das jährliche Wirtschaftswachstum liegt seit Jahren mit über zehn Prozent an der Weltspitze. Rund 10 000 ausländische Firmen unterhalten Niederlassungen im Handels- und Bankenviertel Pudong, darunter die Konzerne Volkswagen, Siemens, BASF und Bayer. Etwa die Hälfte der mehr als 3000 deutschen Firmen in China sind im Jangtse-Delta angesiedelt.

GRÜNE BANDE

Die Untergrundorganisation kontrollierte in den 1920er- und 1930er-Jahren die Lasterhöhlen in Shanghai. Die fetten Gewinne aus Glücksspiel, Zuhälterei und Drogenhandel landeten in den Taschen von Du Yuesheng. Der chinesische Pate herrschte vermutlich über 20 000 Mafiosi und mischte auch in der Politik mit: 1927 beteiligte sich die Unterwelt an den brutalen Morden an Kommunisten und aufständischen Arbeitern.

Atemberaubendes Wirtschaftswachstum: ultramoderne Architektur in Pudong

Mitglieder der Grünen Bande unterwanderten die internationale und französische Polizei. Du Yuesheng kaufte sich die portugiesische Staatsbürgerschaft und entzog sich so dem Zugriff der chinesischen Behörden.
Der Gangster gab sich ehrenwert, investierte in legalen Geschäften und dinierte mit den Wirtschaftsbossen und Bankenchefs. Ein Festbankett im Jahr 1933 endete mit einer Magenverstimmung der Gäste: Drei der geladenen Honoratioren, darunter der französische Generalkonsul, starben später an einer Vergiftung. Im Alter pflegte der berüchtigte Du die christliche Wohltätigkeit, 1951 starb er in Hongkong als Millionär.

JÜDISCHE FLÜCHTLINGE

Während der Naziherrschaft flohen rund 20 000 deutsche und europäische Juden nach Shanghai. Die Stadt war der einzige Ort auf der Welt, der jüdische Flüchtlinge auch ohne Pass und Visum aufnahm. Die ersten Ankömmlinge konnten in den 1930er-Jahren noch eine neue Existenz aufbauen. Alle ab 1938 eingereisten „staatenlosen Personen" wurden von den Japanern 1943 interniert und in ein Ghetto nördlich des Huangpu gesperrt. Zur Untätigkeit verdammt, hungerten sie sich durch die letzten Kriegsjahre. Nach der Kapitulation der Japaner 1945 verließen die Überlebenden das Land. Viele gingen in die USA, darunter der spätere amerikanische Finanzminister Michael Blumenthal, heute Leiter des Jüdischen Museums Berlin. Eine Ausstellung in der 1907 von russischen Juden errichteten Ohel-Moishe-Synagoge erinnert an diese Zeit.

OPIUM

Ende des 18. Jhs. kamen die Engländer auf die Idee, billiges Opium aus Indien illegal nach China einzuführen und aus den Gewinnen ihre Teeimporte zu bezahlen. Die starke Nachfrage nach Opium ließ das gewerblich hoch entwickelte, reiche China finanziell ausbluten, und die Drogensucht demoralisierte die Gesellschaft. Als ein kaiserlicher Beamter in Kanton britisches Opium vernichten ließ, nahm England dies als Kriegsgrund (Opiumkrieg 1839–42). Nach der Niederlage musste China Hongkong abtreten, Shanghai und weitere Häfen dem Freihandel öffnen sowie den Ausländern in ihren Handelsniederlassungen Privilegien einräumen. Viele der „ersten Familien" Shanghais gründeten ihren Reichtum auf den Opiumschmuggel. Die Kommunisten setzten dem Treiben 1949 ein vorläufiges Ende. Der Untergrund von heute, die chinesischen Triaden, setzt auf veredeltes Opium: Heroin.

PYJAMA

„Unzivilisiert!", befand die Regierung in Peking, sei die Shanghaier Sitte, im Schlafanzug zum abendlichen Einkaufsbummel aufzubrechen. Zur Expo 2010 wurde daher ein Pyjamaverbot erlassen. Herren im grell gemusterten Schlafanzug und Damen im rüschenbesetzten Nylonnachthemd sollten nicht das kosmopolitische Image der Stadt ruinieren. Das Verbot wurde weltweit kritisch kommentiert und rief die Pyjama-Party-Fraktion auf den Plan. Die will nun die liebenswerte Sitte vor dem Untergang retten.

In den späten 1970er-Jahren adaptierten die Shanghaier mit der Öffnung zum Westen auch den Pyjama. Wer sich so ein schickes Kleidungsstück für die Nacht leisten konnte, trug dies natürlich stolz zur Schau – häusliche Privatsphäre war in den dicht bevölkerten Altstadtvierteln sowieso ein Ding der Unmöglichkeit. Ein Pyjama galt als cool, was er in den schwülen Sommermonaten ja auch war. Das lässige Pyjamaleben von damals dokumentiert Justin Guariglia in seinem Fotoband *Planet Shanghai.*

Heutzutage trifft man nur noch mit viel Glück, vielleicht in einem Hinterhof, einen unbeugsamen Altherrenclub im luftig-gestreiften Anzug an. Mitten auf der Nanjing Lu aber, so heißt es, wurden kürzlich zwei junge Widerständler im seidenen Pyjama gesichtet.

RELIGION

Im diesseitsorientierten, materialistischen Shanghai vermutet man zunächst wenig Frömmigkeit. Das moderne Leben ist jedoch reichlich mit Unwägbarkeiten behaftet, seien es die Gefahren im Straßenverkehr oder die Kursrisiken an der Börse. Daher nehmen auch die Großstädter nach dem Ende der Mao-Ära gern wieder Unterstützung aus dem Jenseits in Anspruch. Die Shanghaier gehen damit allerdings eher nüchtern um, und wahre Frömmigkeit ist selten. Die häufigste Einstellung beim Opfern oder Beten ist: Sicher ist sicher, schaden kann's nicht. Besonders der Jadebuddhatempel verdient gutes Geld durch Spenden und das Ausrichten von Totenfeiern. Der Staat gibt keine regulären Zuschüsse zum Klosterbetrieb, auch wenn die Mönche als Staatsangestellte geführt werden. In Shanghai ist auch das Christentum traditionell stark vertreten. Am populärsten ist freilich der Buddhismus. Da es keine buddhistische Kirchenzugehörigkeit gibt, fehlen jedoch verlässliche Zahlen.

SASSOON

Im alten Shanghai konnte man ein Vermögen machen oder in der Gosse landen. Zu den erfolgreichen Glücksrittern zählten die Sassoons, angefangen mit Elias Sassoon, der 1844 in die Stadt kam, und zwar aus Indien, wo sein Vater David, ein jüdischer Kaufmann aus Bagdad, bereits ein Vermögen gemacht hatte. Elias tat es ihm im Baumwoll- und Opiumhandel nach. Noch berühmter wurde sein Enkel Ellice Victor (1881–1961), der sich als Bankier, Immobilienzar und Lebemann profilierte. Das Gebäude des Peace Hotel trug als Sassoon House seinen Namen. Nach einem Flugunfall ging er an Stöcken. Er heiratete erst in hohem Alter, da er, womöglich zu Recht, annahm, die Frauen interessierten sich weniger für ihn als für sein Geld.

SHANGHAI GIRLS

Shanghais Frauen sind schick. Die älteren, weil sie die Freiheit genießen, statt Stoffschuhen Pumps zu tragen. Die jungen, weil sie dank des vielfältigen Angebots in gefälschte Designerklamotten von Gucci, Prada und Chanel schlüpfen können. Das Investment in effektvolle Fähnchen ist wichtig für Frauen, denen es als erstrebenswertes Ziel erscheint, einen reichen Mann zu heiraten. Besonders begehrt sind Ausländer, die grundsätzlich als wohlhabend gelten – deshalb können sich männliche Touristen beim abendlichen Kneipenbummel vor den zahlreichen „Buy me a drink!"-Avancen kaum retten.

Chinas Expo-Pavillon: In Pudong soll ein neues Wohn- und Geschäftsviertel entstehen

WELTAUSSTELLUNG

Shanghai hat sich in einem 45 Mrd. Euro teuren Kraftakt auf die Expo 2010 vorbereitet: die Metro von zwei auf 13 Linien erweitert, zwei neue Flughafenterminals, Landebahnen, Brücken, Straßen und Promenaden gebaut und jede sichtbare Ecke in der Stadt saniert. 18 000 Familien wurden umgesiedelt – was nicht unkritisiert blieb – und 280 Industriebetriebe ausgelagert. Diese Anstrengungen wurden unternommen, um Shanghais Ruf als Weltstadt und Finanzzentrum zu manifestieren und Investoren anzulocken. Ihnen kann Shanghai nicht nur eine hervorragende Infrastruktur bieten, sondern auch einen besonderen Schatz: Welche andere Millionenstadt verfügt über eine Baulandreserve von 5,28 km^2 in allerbester Lage am Fluss? Einige Bauten der Expo in Pudong, wie die Expo Axis, die Mercedes-Benz-Arena oder der Chinesische Pavillon sollen den Kern für ein hochmodernes, exklusives Wohn- und Geschäftsviertel bilden. Die Macher der ersten „grünen" Weltausstellung hoffen darüber hinaus, dass wenigstens einige der 73 Mio. Expo-Besucher – die zu 95 Prozent aus China kamen – die gezeigten Ideen für ein nachhaltiges Leben in einer bürger- und umweltfreundlich geplanten Stadt mit nach Hause nehmen und umsetzen. Wie groß die Strahlkraft der „Green Expo" tatsächlich ist, muss sich noch zeigen.

DER PERFEKTE TAG

Shanghai in 24 Stunden

07:00 FRÜHSPORT IM FUXING-PARK

Chinesen treffen sich frühmorgens im Park, um dort all das zu tun, was sie zu Hause in den engen Wohnstuben nicht machen können: Taijiquan – das elegante Schattenboxen –, Mulanji, die Gymnastik mit Schwert und Fächer, und Tangotanzen zu Klängen aus dem Kassettenrecorder. Ausgeschlafene beginnen den Tag gemeinsam mit ihnen im ***Fuxing-Park*** → S. 39 (Foto li.).

07:45 DURCH DAS FRANZÖSISCHE VIERTEL

Machen Sie einen kleinen Spaziergang durch das ***Französische Viertel*** → S. 37. Im morgendlichen Licht ist die lebendige Nancang Lu besonders schön. Bummeln Sie die Straße hinunter bis zur Xiangyang Lu – dort rechts halten, die Huaihai Lu überqueren und in die Donghu Lu einbiegen. Das Caférestaurant ***Wagas*** → S. 65 ist ein angesagter Ort, hier treffen sich die jungen Ausländer von Shanghai. Knuspriges Brot, französische Croissants, köstliche Sandwiches und ausgezeichneter Kaffee machen es zu einer guten Frühstücksadresse.

09:15 ZUM PEOPLE'S SQUARE

Steigen Sie nur wenige Gehminuten entfernt in der Huaihai Lu an der Station Shanxi Road South in die M1 ein und fahren Sie in Richtung ***People's Square*** → S. 42. So früh am Tag sollten noch Freikarten verfügbar sein für das ***Shanghai Museum*** → S. 46, dieses großartige Museum klassischer chinesischer Kunst und Kultur. Schauen Sie im Museumsshop, ob eine Replik Ihres Lieblingsbildes vorhanden ist. Das ***Starbucks*** → S. 43 am People's Square hat eine tolle Lage mit Blick auf die Hochhäuser Park Hotel und Tomorrow Square.

12:15 IN DIE CHINESISCHE ALTSTADT

Wer gut zu Fuß ist, kann vom People's Square über die ***Mu'en Church*** → S. 43 bis zum Viertel hinter dem Bund laufen und sich von hier aus entlang der Yunnan Zhonglu zur ***Chinesischen Altstadt*** → S. 33 durchschlagen. Oder Sie nehmen die M8 zur Station Dashijie. Ein Abstecher in den klassisch schönen Garten ***Yu Yuan*** → S. 35 lohnt sich, schon als Beruhigung für die Sinne. Auf der Galerie des ***Nanxiang Steamed Buns Restaurant*** → S. 63 (reservieren!) kann man mittags herrlich leichte Dimsum genießen und dabei das bunte Treiben im ***Yuyuan-Basar*** → S. 73 (Foto re.) beobachten.

Die schönsten Facetten von Shanghai kennenlernen – mittendrin, ganz entspannt und an einem Tag

14:45 BUMMEL ÜBER DIE NANJING LU

Nehmen Sie nun von der Station Yu Garden die M10 zur Nanjing Road East. Bummeln Sie die Einkaufsmeile Nanjing Lu hinunter in Richtung Bund und bestaunen Sie das gigantische Angebot – und die vielen Käufer. Die einstündige Besichtigungstour durch das ***Peace Hotel*** → S. 32 lohnt sich: Sie können die goldenen 1930er-Jahre nicht nur ästhetisch erleben, Sie tauchen auch ein in die Geschichte des legendären Hotels. Eine Teestunde in der Jasmin Lounge rundet dieses Erlebnis auf sehr feine Art ab.

17:45 TUNNELBAHN NACH PUDONG

Laufen Sie die Bundpromenade entlang nach Norden, um dann durch den Bund Sightseeing Tunnel nach ***Pudong*** → S. 48 (Foto o.) zu sausen. Dort flanieren Sie auf der Promenade nach Süden. Biegen Sie in die Huayuanshiqiao Lu Richtung Wolkenkratzer ein. Ob vom Observatorium des ***Jin Mao Building*** → S. 49 (billiger!) oder des ***Shanghai World Financial Center*** → S. 50 (höher!): Die Aussicht ist atemberaubend und im goldenen Abendlicht ein unvergessliches Erlebnis.

20:00 DINNER AM BUND

Springen Sie anschließend in ein Taxi, lassen Sie sich zurück zum Bund chauffieren und gönnen Sie sich ein Dinner bei ***Mr. & Mrs. Bund*** → S. 60, die glitzernde Skyline von Pudong vor Augen.

22:00 AB INS NIGHTLIFE

Jazz oder Rock? Das ist jetzt die Frage. Zum ***House of Blues and Jazz*** → S. 78 ist es nur ein Katzensprung, also auf jeden Fall mal reinhören. Wer Lust auf Rock hat, muss sich noch mal auf die Socken machen zum ***Yu Yin Tang*** → S. 80. Am besten mit der M 2 ab Nanjing West Road bis zum Zhongshan-Park, dort umsteigen in die M 3 oder die M 4 bis Yan'an Road West. Die Nacht ist ja noch jung!

Metro zum Startpunkt: M 1
Haltestelle: Huangpi Road South
Praktisch: in Metro und Taxi bargeldlos zahlen mit der Shanghai Public Transportation Card

SEHENSWERTES

WOHIN ZUERST?
People's Square (Volksplatz) (134 A3) ***(M6–7)*****:** Weithin erkennbar an den Spitzen von Tomorrow Square (284 m), Shimao Plaza (333 m) und Park Hotel (84 m). Monumentale Gebäude wie die Oper, das Rathaus und das Shanghai Museum geben einen ersten Eindruck von der Modernität Shanghais. Der Platz ist ein wichtiger Metro-Knotenpunkt. Sie erreichen ihn mit den Linien M1, M2 und M8, die Sie von hier aus, z. T. mit Umsteigen, auch zu allen Sehenswürdigkeiten bringen. Zur Uferpromenade, dem Bund, spaziert man über die Nanjing Lu.

Wer in Shanghai ankommt, dem verschlägt es erst einmal die Sprache: ein Häusermeer, so weit das Auge reicht.
Einen ersten Eindruck von der Megacity verschafft man sich am besten aus großer Höhe: von den Aussichtsplattformen des Fernsehturms, des Jin Mao Building oder des Shanghai World Financial Center. Eine Autofahrt über die Hochstraße Yan'an Lu lässt tief in Häuserschluchten blicken. Die glorreiche und die neureiche Wasserfront der Stadt, den Bund und Pudong, kann man per Schiffstour kennenlernen. Ein Museumsbesuch lohnt sich, denn uralte chinesische Kunst, die Geschichte der Stadt und ihre Zukunftsvisionen muss man sich einfach anschauen. Die Sehenswürdigkeiten sind in der Regel täglich geöffnet, schließen ihre

Bild: Blick auf den Bund

Shanghai ist einer der spannendsten Orte der Erde: Superlative und Kleinode in der Metropole am Jangtse-Delta

Tore aber meist schon früh (16–17 Uhr). Die Gegensätze dieser Stadt erlebt man am besten zu Fuß: Alt und Neu, chinesisch und westlich, ländlich und urban, altkommunistisch und kapitalistisch, all dies liegt hier dicht beieinander. Wenn Sie sich einmal verlaufen haben oder die Füße weh tun, springen Sie in ein Taxi. Sorgen brauchen Sie sich auch abends nicht zu machen, denn Shanghai ist eine ziemlich sichere Metropole. Aber Vorsicht: Schon nach wenigen Stunden ist man wie betrunken von den vielen Eindrücken in dieser Stadt, die vor Leben und Energie sprüht. Nüchtern betrachtet und mit Peking verglichen mag es zwar stimmen, was manche sagen: dass es in Shanghai keine großen touristischen Attraktionen gibt. Doch nicht die imperiale Vergangenheit Chinas macht die Stadt sehenswert, sondern die Zukunft, an der hier Tag und Nacht gebaut wird. Die größte Attraktion von Shanghai ist Shanghai selbst. Wenn in fußläufiger Entfernung einer Adresse eine Metrostation liegt, wird diese im Folgenden genannt.

Die Karte zeigt die Einteilung der interessantesten Stadtviertel. Bei jedem Viertel finden Sie eine Detailkarte, in der alle beschriebenen Sehenswürdigkeiten mit einer Nummer verzeichnet sind

BUND

外滩

★ **Der angloindische Ausdruck für ein befestigtes Flussufer ist zum Synonym für die imposanteste Uferpromenade im Fernen Osten geworden.**

Hier trifft die glorreiche Vergangenheit auf eine verheißungsvolle Zukunft, und die ragt am anderen Ufer auf, in Pudong. Dort steht wie ein marsianisches Raumschiff der Fernsehturm, strahlt das neue Finanz- und Wirtschaftszentrum mit einer modernen Skyline über dem breiten Strom, dem Huangpu. Diesseits des Flusses zeugen die steinernen Relikte aus der kolonialen Vergangenheit von Macht und Reichtum der Banken und großen Handelshäuser, die hier einst residierten. Von den Kommunisten mit Vernachlässigung gestraft, gehören die Monumente aus Granit heute wieder zu den teuersten Immobilien der Stadt. Ihre Schaufenster preisen märchenhaften Wohlstand. Vornehme Restaurants und mondäne Bars, edle Geschäfte und feine Galerien befriedigen den Bedarf der Reichen.

Die Uferpromenade wurde 1992 zum Schutz vor Hochwasser höher gelegt. Dabei wurden die schönen Bäume gefällt, die auf alten Fotos im *Bund Historical Museum (unter dem Denkmal der Volkshelden | tgl. 9–16.30 Uhr | Eintritt frei)* zu sehen sind. Zur Expo wurde der Huangpu-Park vergrößert, indem man den Verkehr auf der Zhongshan Dong Yilu nun durch einen Tunnel schickt. Das tut der beliebten Flaniermeile gut, die von der grandiosen Kulisse profitiert und von den vielen Menschen lebt, die sich dort treffen. Das sind morgens die Pensionäre, die in der Bewegung Ruhe und Kraft suchen, tagsüber die kamerabewehrten Touristen auf Stadtsafari und abends modisch gekleidete Shanghaier, die stolz und gelassen auf die staunenden Besucher vom Land herabblicken. Einen schönen Blick auf den Bund hat man von der Terrasse der *Vue Bar,* der *Glamour Bar* und der *Captain's Bar.*

Die historischen Bauten der Stadt sind alle mit steinernen Informationstafeln gekennzeichnet. Die hier beschriebenen Gebäude sind ihrer Lage von Süd nach Nord folgend aufgeführt.

1 SHANGHAI CLUB 原上海总会

(135 D3) (*🕮 O7*)

Der 1910 im Stil der englischen Renaissance errichtete Bau mit den zwei durchbrochenen Türmchen auf dem Dach war eine Bastion des britischen Snobismus. An dem mit 33,74 m angeblich längsten Bartresen der Welt soffen, qualmten und quatschten die elitären Mitglieder des 1864 gegründeten Shanghai Club. Neuankömmlinge mussten am Ende der Bar Platz nehmen, weg weit vom Fenster. Zwei Zoll Whisky im Magen seien das richtige Quantum, um sich nicht mehr über Schwierigkeiten aufzuregen, wurde ihnen geraten. Weil Frauen die männliche Beziehungspflege nur störten, war ihnen der Zutritt verboten. Chinesen sowieso. Das Hotel Waldorf Astoria hat die maskuline *Long Bar* stilecht rekonstruiert und gegenüber einen femininen *Salon de Ville* eingerichtet. *Zhongshan Dong Yilu* 中山东一路 *2*

2 THREE ON THE BUND 外滩三号

(135 D3) (*🕮 O6*)

Das ehemalige Union Building mit dem Portal an der Ecke zur Guangdong Lu ist ein Entwurf von Palmer & Turner aus Hongkong, deren Architektur in den 1920er- und 1930er-Jahren die Stadt ge-

MARCO POLO HIGHLIGHTS

★ Bund
Die schönste Uferpromenade im Fernen Osten → S. 28

★ Peace Hotel
Art-déco-Juwel aus den 1920er-Jahren → S. 32

★ Chinesische Altstadt
Handel und Wandel wie aus dem Bilderbuch → S. 33

★ Yu Yuan
Uralte chinesische Kunst der Gartengestaltung in Vollendung → S. 35

★ People's Square
Das repräsentative Zentrum der Metropole beeindruckt mit hypermodernem Monumentalismus → S. 42

★ Jadebuddhatempel
Mit seinem reichen Figurenschmuck überstand er die Kulturrevolution → S. 45

★ Shanghai Museum
Bronze, Porzellan und Jade: 3000 Jahre Kunstgeschichte zum Staunen → S. 46

★ Jin Mao Building
Bei jedem Licht ein magisch schöner Wolkenkratzer → S. 49

★ Oriental Pearl Tower
Der Fernsehturm ist ein Paradebeispiel moderner chinesischer Architektur → S. 49

★ Longhua-Tempel
Mönchsgesang und Fischmaultrommel: spirituelle Besinnung im kommerziellen Rausch der Stadt → S. 51

prägt hat. Das berühmte Büro zeichnet seit 1990 wieder für einige der neuen Hochhäuser verantwortlich. Ein reicher Chinese aus Amerika kaufte das heruntergekommene Gebäude im Renaissancestil aus dem Jahr 1916. Luxusgeschäfte und Gourmettempel schließen eine Marktnische in Sachen Lifestyle: Die neue Oberschicht kann hier nicht nur exklusive Klamotten kaufen und erlesene Speisen goutieren, sondern auch ihren künstlerischen Geschmack kultivieren. In der dritten Etage stellt die *Shanghai Gallery of Arts* zeitgenössische Kunst aus. *Zhongshan Dong Yilu* 中山东一路 *3*

3 HONG KONG AND SHANGHAI BANK 原汇丰银行大楼

(135 D3) (*06*)

Der gigantische neoklassizistische Bau von Palmer & Turner fällt mit seiner charakteristischen Kuppel sofort ins Auge. Das seinerzeit zweitgrößte Bankhaus der Welt HSBC war mit der Finanzierung des Handels so reich geworden, dass es sich 1921 diese protzige Repräsentanz leisten konnte. Von 1949 bis 1995 residierte hier die Stadtregierung, die Stadt wie Gebäude herunterwirtschaftete. Der derzeitige Mieter, die Pudong Development Bank, restaurierte die sehenswerte Halle, deren Decke von 13 m hohen Säulen aus italienischem Marmor getragen wird. Mosaiken schmücken die Kuppel über dem Eingang, sie zeigen die früheren acht Standorte der Bank. *Mo–Fr 9–17.30 Uhr | Zhongshan Dong Yilu* 中山东一路 *12*

4 CUSTOM HOUSE 海关大楼

(135 D3) (*06*)

Im markanten Uhrturm des Gebäudes von 1927 schlägt „Big Ching". Die Uhr hielt schon im alten Zollamt von 1843 die Erinnerung an die britische Heimat wach und schützte seitdem die Stadt vor Bränden, wie abergläubische Chinesen meinten: weil der Feuergott das viertelstündliche Gebimmel als Feueralarm missverstehe und beschlossen habe, keine weiteren Brände zu legen. Das Zoll-

Herausragende Architektur am Bund: das Custom House mit seinem 90 m hohen Uhrturm

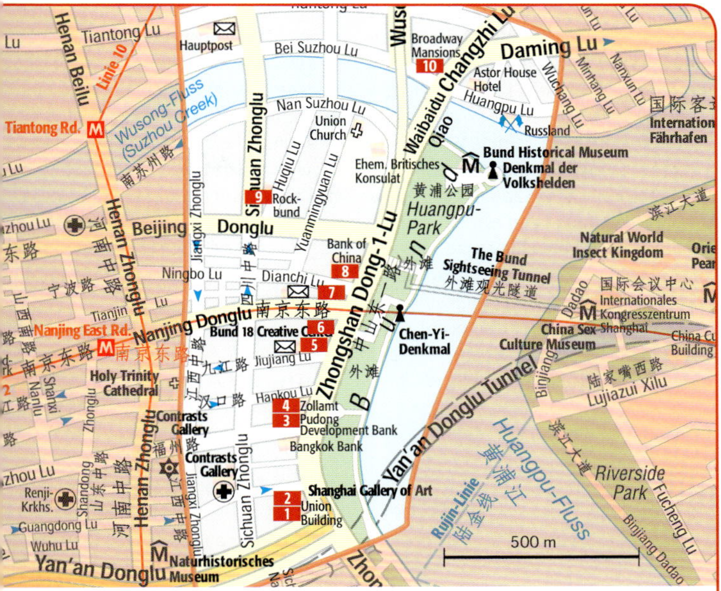

SEHENSWERTES AM BUND

- 1 Shanghai Club
- 2 Three on the Bund
- 3 Hong Kong and Shanghai Bank
- 4 Custom House
- 5 Old Lady on the Bund
- 6 Palace Hotel
- 7 Peace Hotel
- 8 Bank of China
- 9 Rockbund Art Museum
- 10 Broadway Mansions

amt brachte China natürlich auch messbare Vorteile: Der Staatshaushalt bezog Anfang des 20. Jhs. etwa ein Drittel seiner Einkünfte aus den Seezöllen. Die unter britischer Leitung stehende Seezollbehörde bediente sich moderner Verwaltungsmethoden, arbeitete effizient und war sichtbarer Ausdruck der Kooperation zwischen dem ausländischen Freihandelsregime und dem chinesischen Staat. *Zhongshan Dong Yilu* 中山东一路 *13*

5 OLD LADY ON THE BUND

桂林大楼 (135 D2) (*🕮 06*)

Der schmale Bau war das Heim der ältesten englischsprachigen Zeitung Chinas. Das Erscheinen der 1864 gegründeten „North China Daily News" wurde 1951 mit dem Koreakrieg eingestellt. Die roten Buchstaben AIA der American International Assurance verschandeln heute das Gebäude, das 1923 im Stil der Neorenaissance errichtet wurde. *Zhongshan Dong Yilu* 中山东一路 *17*

6 PALACE HOTEL 原汇中饭店

(135 D2) (*🕮 06*)

Das 1906 entstandene Gebäude, eines der ältesten am Bund, ist an seiner rotweißen Backsteinfassade zu erkennen. Hier wurde 1912 die Ernennung Sun Yatsens zum ersten, provisorischen Präsidenten der jungen Republik China gefeiert. Heute ist das Swatch Art Palace Hotel exklusiv für Künstler reserviert, die hier leben, arbeiten und ausstellen. *Zhongshang Dong Yilu* 中山东一路 *19 | Eingang Nanjing Lu 23*

7 PEACE HOTEL 和平饭店 ★

(135 D2) (*Ⓜ O6*)

Am Beginn der Nanjing Lu ragt das ehemalige Sassoon House auf, gekrönt von einer 19 m hohen Pyramide aus Kupfer, die abends grün leuchtet. 1928 im Stil der Chicagoer Schule von Palmer & Turner errichtet, beherbergte es einst das luxuriöse Cathay Hotel. Hier stieg die Hautevolee der Welt ab, darunter Stars wie Charlie Chaplin. Der Erbauer, der unermesslich reiche Sir Ellice Victor Sassoon, bewohnte das Penthouse. Die eleganten Frauen des jüdischen Immobilienmagnaten, seine extravaganten Autos und die exaltierten Partys im Nachtclub unter dem Dach sind Legende. Das Foyer des Peace Hotel gilt als Meisterstück des Art déco. Die Hotelkette Fairmont hat den in jahrelanger Arbeit auf Hochglanz polierten Prachtbau 2010 wiedereröffnet.

Die *Peace Gallery (tgl. 10–19 Uhr, etwas versteckt eine Stiege höher gelegen)* zeigt Ausstellungen zur Geschichte der Nobelherberge. Eine englische Kunstexpertin bietet eine INSIDER TIPP *Hotelbesichtigung (ca. 110–380 Yuan | Anmeldung unter Tel. 021 63 21 68 88-67 51 oder peace.gallery@fairmont.com)* an: Die Tour kann mit einem leichten Lunch mittags *(Tiffin Tour)* oder einer Teestunde nachmittags *(High Tea Tour)* in der *Jasmin Lounge* kombiniert werden. *Nanjing Donglu* 南京东路 *20*

LOW BUDG€T

▶ Die Stadt lernen Sie kennen mit dem *Bus 911* auf der Strecke Renmin Lu **(134 B4)** (*Ⓜ N7*)–Huaihai Lu–Hongqiao Lu. Steigen Sie an der Hongqiao Road Station um in die Pearl Line (M 3, Richtung Shanghai Railway Station), und fahren Sie bis zum *Zhongshan-Park* **(0)** (*Ⓜ D4–5*), den Sie kostenlos besuchen können.

▶ Alternative zu den teuren Spas: Im Badehaus *Xiaonanguo Tangheyuan* kann sich die ganze Familie wunderbar entspannen und unterhalten. Zuerst wird nach Geschlechtern getrennt ausgiebig gebadet, geknetet und gesalbt, anschließend trifft man sich zum Essen, Spielen oder Theaterschauen. *Eintritt ca. 60 Yuan, Massage extra | Hongmei Lu 3337 (Nähe Yan'an Lu, neben Pearl City und hinter dem Xiaonanguo-Restaurant) | M 10 Longxi Road* **(0)** (*Ⓜ 0*)

8 BANK OF CHINA 中国银行

(135 D2) (*Ⓜ O6*)

Der moderne Stil westlicher Prägung wurde 1936 mit Elementen des chinesischen Nationalstils versetzt, und heraus kam der monumentale Bau der Bank of China (BOC). Hier herrschte die Song-Familie, die sich zur Zeit der Herrschaft Chiang Kai-sheks (1887–1975) schwer bereicherte. Die Bank of China wurde 1912 als Staatsbank der Republik gegründet. 1994 öffnete sie sich zu einer staatseigenen Geschäftsbank. *Zhongshan Dong Yilu* 中山东一路 *23*

9 INSIDER TIPP ROCKBUND ART MUSEUM 上海外滩美术馆

(135 D2) (*Ⓜ O5*)

Das ehemalige Royal Asiatic Society Building, einst Chinas erstes Museum, zeigt nun als Rockbund Art Museum (RAM)

Handel und Wandel im Stil vergangener Zeiten: Ladengasse in der chinesischen Altstadt

zeitgenössische Kunst. Ausstellungen, Installationen, Liveperformances, Filmscreening, Workshops: Hier läuft das ganze spannende Programm zur Observation moderner Kultur – freitags und samstags sogar manchmal auch nachts. *Di–So 10–18 Uhr | Eintritt 10 Yuan | Huqiu Lu* 虎丘路 *20 | www.rockbundartmuseum.org | M 2, M 10 Nanjing Road East*

10 BROADWAY MANSIONS 上海大厦

(135 E1) (*P5*)

Der Monolith am Suzhou Creek bildet den perspektivischen Abschluss im Norden des Bunds und ist ein Symbol der Stadt. Der majestätische, terrassierte Bau aus düsterem Backstein wurde 1934 als Apartmenthaus im Stil der Chicagoer Schule errichtet. Während die Architektur der älteren Kolonialbauten europäische Stile vom Barock über den Klassizismus bis zu Jugendstil und Bauhaus zitiert, reflektieren spätere Bauten wie dieser oder auch das Grosvenor House (auf dem Areal des Jinjiang Hotel) den Einfluss der Amerikaner. *Bei Suzhou Lu* 北苏州路 *20*

CHINESISCHE ALTSTADT

老城

★ ● **Auf dem Stadtplan springt die chinesische Altstadt sofort ins Auge: Sie ist begrenzt von einer ringförmigen Straße, die anstelle der 1911 niedergerissenen Stadtmauer angelegt wurde.**

Hier schlägt das Herz der Stadt – quirliges Treiben herrscht im Basarviertel, auch wenn viele der scheinbar historischen Gebäude im alten Stil neu aufgebaut wurden. Weitgehend originale Atmosphäre findet sich noch in Gassen wie der *Dajing Lu* (134 B–C 4–5) (*N8*). Hier stehen die alten, zweistöckigen Häuser dicht an dicht, hier wohnen und arbeiten die Menschen noch wie vor hundert Jahren. Das gesellige Leben findet überwiegend vor der Haustür statt – ein friedliches Miteinander auf engstem Raum. In der *Fangbang Lu* (Old China Street) (134–135 C–D5) (*08*) gibt es 1001 Souvenirs zu erstehen. Am schönsten ist es hier **INSIDER TIPP** am frühen Abend, wenn rote Laternen die Straße mit den kleinen Läden beleuchten und in der Ferne die Lichter in den Hochhäusern erstrahlen. *M 10 Yu Garden*

1 KONFUZIUSTEMPEL (WEN MIAO) 文庙 (134 B6) (*N9*)

Eine Stadt, die Sitz eines kaiserlichen Beamten war, hatte im alten China stets auch einen Konfuziustempel, und der war als staatliche Einrichtung stets repräsentativ – so auch der Shanghaier Tempel von 1855. Vor allem die Haupthalle mit ihrem doppeltraufigen, hohen Dach macht einen stattlichen Eindruck. Auf der Terrasse davor fanden alljährlich aufwendige Zeremonien zum Geburtstag des Konfuzius statt, finanziert aus der Staatskasse, denn Konfuzius (starb 479 v. Chr.) wurde von Amts wegen als großer Lehrer und Begründer der Staatsideologie hoch verehrt. Die Halle birgt ein Standbild des Meisters. Steinplatten in den Wänden verzeichnen den Text seiner „Gespräche" (Lunyu). Im Seitentrakt stehen die zweigeschossige Bibliothek und die einstige Tempelschule; rechts vorn überm Gartenteich ragt der „Turm des Literatursterns" auf. *Tgl. 9–16.30 Uhr | Eintritt 10 Yuan | Wenmiao Lu* 文庙路 *215 | M 8 Laoximen*

2 STADTGOTTTEMPEL (CHENGHUANG MIAO) 城隍庙 (135 D5) (*08*)

Dieser volkstümliche Tempel für diverse Schutzpatrone bildete mit seinem Vorplatz das eigentliche Zentrum des alten Shanghai. In der Kulturrevolution verwüstet, wurde der Stadtgotttempel in

Fels, Wasser und Pavillon: Szenerie im klassisch-chinesischen Garten Yu Yuan

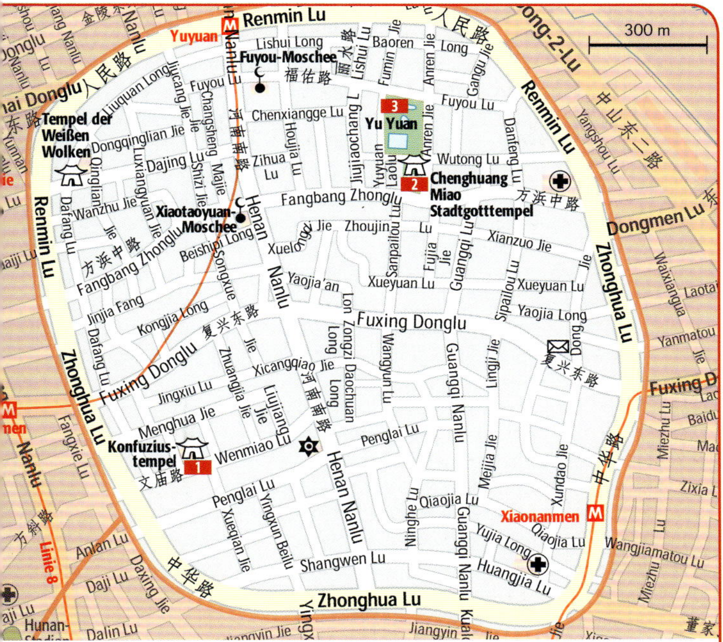

SEHENSWERTES IN DER CHINESISCHEN ALTSTADT

1 Konfuziustempel | 2 Stadtgotttempel | 3 Yu Yuan

den 1990er-Jahren mit Privatspenden wiederhergerichtet und 2006 saniert. In der ersten Halle sieht man den vergöttlichten Staatsdiener Huo Guang (1. Jh. v. Chr.) nebst Adjutanten und Amtsbütteln, in der Durchgangshalle dahinter folgen die Jahresgötter des chinesischen 60-Jahre-Zyklus. Hier kann jeder dem Gott seines Geburtsjahres opfern und so auf dessen Unterstützung rechnen. Im folgenden Hof stehen rechts weibliche Schutzgottheiten (unter anderem für das Augenlicht der Kinder und für die Seefahrer), während in der linken Seitenhalle der Reichtumsgott, Guan Di als mächtiger Schutzpatron vieler Gewerbe sowie Wenchang als Schutzgott der Literatur verehrt werden. In der letzten Halle ist das Bildnis des rotgesichtigen Stadtgottes zu sehen. Zu den Seiten: seine Frau und seine Eltern. Ein Laden im Tempel führt schöne Kalligrafien. *Tgl. 8.30–16.30 Uhr | Eintritt 10 Yuan | im Nordosten der Altstadt*

3 YU YUAN 豫园 ★

(135 D4–5) (08)

Shanghais bedeutendste klassisch-chinesische Sehenswürdigkeit. Den „Garten der Zufriedenheit" legte sich ein hoher Beamter ab 1559 als Ruhesitz an. Die heutigen Gebäude entstanden jedoch erst im 18. und 19. Jh., als der verwilderte Garten von Kaufleuten erworben wurde und Kaufmannsgilden hier ihre

Versammlungs- und Wohnräume einrichteten. Sie liebten es volkstümlich: Alle figürlichen Darstellungen, die Sie sehen (darunter die berühmte Drachenmauer), sind typisch für den Zeitgeschmack der Kaufleute und für einen Literatengarten an sich unpassend. Gleichwohl werden dessen Gestaltungselemente virtuos eingesetzt. Beachten Sie das Gegeneinander von Felsen und Wasser, das Spiel von Unregelmäßigkeit und Symmetrie, den Formenreichtum der Fenster und die durch Wandelgänge, Mauern, Hallen und Pavillons erzeugte kleinteilige Gliederung, die auf engem Raum eine Fülle abwechslungsreicher Szenerien schafft.

Das Gartenerlebnis beginnt schon vor dem Tor: mit dem Weg über die *Zickzackbrücke* am *Teehaus Huxinting* vorbei. Der Eingang führt in den westlichsten Gartenteil mit der *Drei-Ähren-Halle,* einst ein Versammlungssaal. Hinter der folgenden Halle stehen Sie vor der berühmtesten Szenerie des Gartens. Hier erhebt sich jenseits eines Goldkarpfen- und Seerosenteiches ein künstliches *Felsgebirge* aus gelben Steinen – das einzige Originalelement aus dem 16. Jh. Der *Flussblickpavillon* auf seinem Gipfel trug seinen Namen damals zu Recht. Gehen Sie am Teich vorbei, dann rechts, so kommen Sie zum berühmten *doppelten Wandelgang.* Ein weiteres Schaustück sehen Sie, wenn Sie an den östlichen Gartenteichen entlang bzw. auf Brückchen über sie hinweg nach Süden gehen: Den Hof südlich vor einer dort auf hohem Sockel stehenden Halle zieren drei Steine, deren mittlerer mit dem Namen „Jadepreziose" einer der berühmtesten Gartensteine Chinas ist. Er ist löchrig wie ein riesiger Schwamm. Noch weiter nach Süden gelangen Sie zum „Inneren Garten", der einst zum benachbarten Stadtgotttempel gehörte. Dort blieb eine schön verzierte Theaterbühne erhalten.

Das schönste Erlebnis verschafft Ihnen übrigens ● INSIDER TIPP Regenwetter. Erstens ist dann das Gedränge geringer, und zweitens wird der Garten dann auch hörbar: im charakteristischen „Plopp", mit dem die Tropfen auf die Blätter der eigens deswegen angepflanzten Bananenstauden fallen. Nach dem Besuch ist eine Rast im Teehaus angesagt. *Tgl. 8.30–17 Uhr (Einlass bis 16.30 Uhr) | Eintritt 40 Yuan, Juli/Aug. und Dez.–März 30 Yuan | im Nordosten der Altstadt*

PINGPONG & BOXENSTOPP

Der Anziehungspunkt für die autoverliebten Massen ist die ultramoderne ● *Formel-1-Piste (Shanghai International Circuit, Anting | www.formula1.com)* **(141 D3)** ***(🕮 0)*** mit 200 000 Zuschauerplätzen. Die Grand-Prix-Rennen lohnen auch wegen der im Vergleich zu Europa günstigeren Ticketpreise einen Besuch. Die Fußballer von *Shanghai Shenhua* spielen in der chinesischen Super League. Sie haben zwar nur das Format von deutschen Zweitligisten, aber die Spiele im *Hongkou-Stadion* **(131 F1)** ***(🕮 P1)*** sind dank des wilden Fanclubs *Blue Devil* ein Erlebnis. Ein traditionsreicher Trendsport ist Tischtennis: Hier herrscht beste Stimmung, wenn ganze Familien begeistert mitgehen. Schließlich kommen die meisten Weltklassespieler aus China! *Ankündigungen in allen Stadtmagazinen (siehe Kapitel „Praktische Hinweise")*

FRANZÖSISCHES VIERTEL

法租界

Die ehemaligen Ausländerviertel gefallen, weil sie vertraut erscheinen: Hier entstanden um 1900 koloniale Bauten, die an die europäische Heimat erinnern sollten.

Hier lag aber auch das Experimentierfeld von Architekten, die Art déco, rationalen Bauhausstil oder die funktionale Moderne mit östlichen Gestaltungselementen kombinierten und interessante Gebäude schufen.

Die Hochstraße Yan'an Lu markierte früher als *Avenue Foch* die Grenze zwischen der Internationalen Niederlassung und der Französischen Konzession. Die Franzosen lebten südlich dieser Straße und westlich der Chinesenstadt in einem 10 km^2 großen Areal. Hauptschlagader des Viertels war die *Avenue Joffre,* eine elegante Einkaufsmeile mit Cafés und Boutiquen. Als Huaihai Lu ist die Straße wiederauferstanden, geschmacklos saniert von Geschäftsleuten aus Taiwan und Hongkong – das Pariser Flair ist perdu. In die Kaufhäuser geht der Mittelstand zum Gucken, kaufen können hier nur die Neureichen.

Im Französischen Viertel hat der Fortschritt aber noch nicht so große Wunden wie anderswo geschlagen. Hier stehen noch zahllose Apartmenthäuser im Stil des Art déco und in schattigen Alleen verwahrloste Villen, die antiquierten Kolonialcharme verströmen. Sehenswert sind renovierte Herrenhäuser wie das Hotel *Tai Yuan Villa (Taiyuan Lu 160)* (132 B5) (*H9*) und die opulente Villa, in der sich das *Shanghai Arts & Crafts Museum (Fenyang Lu 79)* (132 C4) (*H8*) befindet.

In dieser Gegend finden sich auch die für Shanghai typischen Reihenhäuser, die

Ein entspannter Bummel über die Kaufhausmeile Huaihai Lu ist immer angesagt

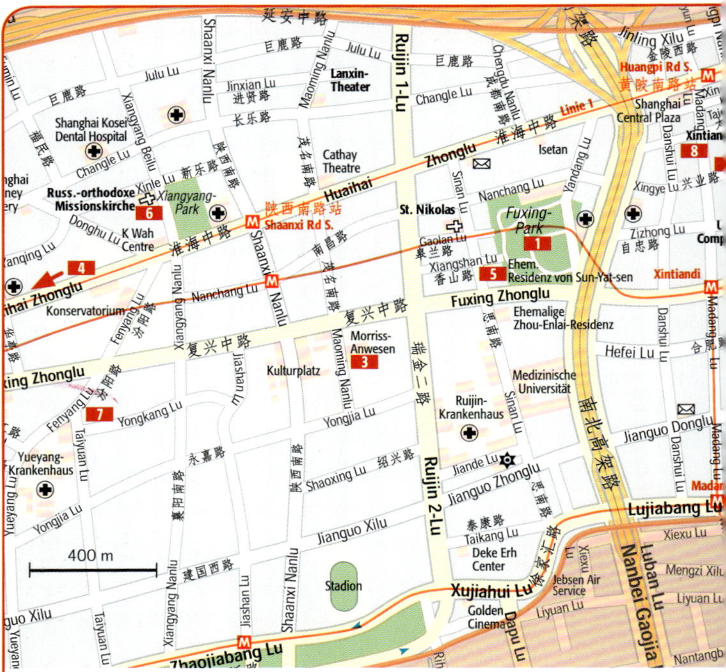

SEHENSWERTES IM FRANZÖSISCHEN VIERTEL

1 Fuxing-Park

2 Gründungsstätte der Kommunistischen Partei Chinas

3 Morriss-Anwesen

4 Residenz von Song Qingling

5 Residenz von Sun Yat-sen

6 Russisch-orthodoxe Missionskirche

7 Shanghai Arts & Crafts Museum

8 Shikumen Open House Museum

Lilongs oder Longtangs. Sie entstanden in den Jahren zwischen 1850 und 1940 vornehmlich für chinesische Angestellte ausländischer Firmen. Schöne Beispiele hierfür sind der 1925 im alpinen Stil errichtete *Verdun Garden (Shaanxi Nanlu 39–45)* (133 D3) (*J7*) und die 1930 gebaute *Cité Bourgogne (Jianguo Xilu/ Ecke Shaanxi Nanlu)* (133 D6) (*J9*) sowie der im spanischen bzw. rationalen Stil gehaltene *Shangfang Garden (Huaihai Zhonglu, Lane 1285)* (132 B4) (*G8*).

Im Nordwesten des Viertels lädt die *Xinhua Lu* zu einem Spaziergang unter Bäumen ein. Wegen ihrer Schönheit wurde die Straße als Route für Staatsgäste genutzt – 1972 hat man Richard Nixon auf ihr entlangchauffiert. Heute finden sich hier einige trendige Restaurants, Bars und Boutiquen.

Versteckt im Grün liegen Kolonialvillen: Wandern Sie durch die in den 1920er-Jahren hufeisenförmig angelegte Enklave der *Xinhua Villas (Lane 211/329)* (0) (*D8*) und strolchen Sie auch durch die *Lanes 115 und 119,* um Longtangs und architektonische Schönheiten zu entdecken – wer weiß, wie lange das noch möglich ist. *M 1, M 10 und Bus 911 verkehren auf der Huaihai Lu*

1 FUXING-PARK 复兴公园
(133 E4) (*🕮 K–L8*)

Das morgendliche Treiben im 1909 von den Franzosen angelegten Park ist ein Grund, früh aufzustehen: Eintauchen ins pralle Leben und gute Laune tanken! Abends gehört der Park den Liebespaaren und der Schickeria, die in der Disko *Guandii* tanzt. *Eingänge: Yandang Lu, Gaolan Lu, Fuxing Zhonglu | M 1 Huangpi Road South*

2 GRÜNDUNGSSTÄTTE DER KOMMUNISTISCHEN PARTEI CHINAS 中国共产党第一次全国代表大会会址 (133 F4) (*🕮 L8*)

In einem unscheinbaren Shikumen-Haus (Steintorhaus) trafen sich am 23. Juli 1921 dreizehn junge Chinesen, um die Gründung einer Kommunistischen Partei zu beratschlagen. Das konspirative Treffen flog auf, weil unter den Delegierten ein Verräter saß – ein Mitglied der „Grünen Bande", einer Untergrundorganisation, die sich später an der brutalen Niederwerfung des Arbeiteraufstands von 1927 beteiligte. Zu sehen sind Fotos und Dokumente der Gründungsmitglieder und eine nachgestellte Szene der Konferenz. *Tgl. 9–17 Uhr | Eintritt frei | Xingye Lu* 兴业路 *76 | M 1 Huangpi Road South*

3 MORRISS-ANWESEN 瑞金宾馆
(133 D5) (*🕮 J8*)

Verstreut im *Ruijin-Park* liegen die ab 1920 entstandenen Villen der Familie Morriss. Ihr Patriarch war Besitzer der „North China Daily News", der einst größten englischsprachigen Zeitung Chinas. Der Familie gehörte auch das *Canidrome,* eine Hunderennbahn gegenüber dem

Traditionsreicher Denksport an der frischen Luft: Männer beim Go-Spiel im Fuxing-Park

hinteren Eingang des Parks. Die Rennen zogen bis zu 50 000 Zuschauer an, und mancher verwettete hier sein letztes Hemd. Die Kommunisten verboten das „dekadente" Vergnügen. Das Haupthaus des Anwesens wurde als Luxusherberge für V.I.P.s wie Madame Mao genutzt und dient heute als Hotel. Man kann es zwar nicht besichtigen, aber in die Hotelhalle hineinschauen. Den Park dekorieren an schönen Tagen chinesische Brautpaare, sie sich vor der romantischen Kulisse ablichten lassen. *Ruijin Erlu* 瑞金二路 *118*

4 RESIDENZ VON SONG QINGLING
宋庆龄故居 **(0)** ***(📖 F8)***

Über die drei reichen und schönen Song-Schwestern sagt man: „Die eine liebte das Geld, die zweite die Macht und die dritte ihr Land". Die Letztgenannte war Qingling. Sie heiratete 1915 heimlich den dreißig Jahre älteren Revolutionär Sun Yat-sen. Die älteste Schwester Ailing wählte den reichsten Mann des Landes, den Bankier H. H. Kung. Meiling, die mittlere, kam als Frau des Nationalistenführers Chiang Kai-shek in den Genuss der Macht und starb 2003 in New York, 105 Jahre alt.

Song Qingling, deren Werdegang anhand von Fotos und interessanten Dokumenten im Ausstellungsgebäude auf dem Anwesen verfolgt werden kann, setzte das Werk ihres Mannes nach seinem Tod fort. Sie wurde von den Kommunisten hoch verehrt und war 1959 bis 1975 stellvertretende Staatspräsidentin; sie starb 1981. Chiang Kai-shek schenkte ihr 1948 die schmucke, 1920 von einem deutschen Schiffseigner erbaute Villa. Gezeigt wird die originalgetreue Einrichtung. Sehenswert sind auch die Staats-

ENTSPANNEN & GENIESSEN

Die Hektik des Großstadtlebens, wie ist sie nur auszuhalten? Indem man seinem Körper Entspannung gönnt! Anfänger starten mit einer Fußreflexzonenmassage. Während die Füße im heißen Bad ruhen und die Schultern geknetet werden, können Sie Ihrem Masseur mittels Zeichensprache sagen, wo der Schuh drückt. Aber die Druckpunktmassage verrät sowieso Ihre Schwachpunkte: Schlafstörungen, Bauchweh, eine beginnende Erkältung – all das bekommt er in den Griff, wenn er gut ist. Die besten *shifu* (Meister) sind meist blind. Beliebt ist darum die *Blindmen Massage* – natürlich auch für den ganzen Körper – in der *Ganzhi Blinding Health Chamber (Yuyuan Lu 28, Nähe Tongren Lu)* **(132 C1)** ***(📖 H5)*** oder im *Double Rainbow (Yongjia Lu 45)* **(133 D5)** ***(📖 J8)***. Ausländer chillen gern im Zen-Ambiente von *Green Massage (u. a. Taicang Lu 58 | www.greenmassage.com.cn)* **(133 F4)** ***(📖 L8)***, wo hochwertige Massageöle auch die Nase entspannen. Unter Shanghaiern ist die Kette ● *Congen Massage Healthcare Club (z. B. Dagu Lu 436, Nähe Shimen Yilu | www.shkangjun.cn)* **(133 E2)** ***(📖 K6)*** sehr populär; hier arbeiten erfahrene *shifu*. Das Interieur – schwarzes Holz, burgunderfarbene Wände und goldener Schnickschnack – gefällt nicht jedem, aber die Preise sind gut: Eine einstündige Fußmassage kostet ca. 90 Yuan. In teuren Salons zahlt man das Doppelte, in einfachen Läden ist diese Dienstleistung schon für rund 30 Yuan zu haben.

karossen in der Garage und der Garten mit hundertjährigen Kampferbäumen. *Tgl. 9–16.30 Uhr | Eintritt 20 Yuan | Huaihai Zhonglu* 淮海中路 *1843 | M 10 Shanghai Library*

5 RESIDENZ VON SUN YAT-SEN 孙中山故居 (133 E4) (🕮 K8)

Das Haus gibt anhand von Fotos und der Originaleinrichtung einen Einblick in Leben und Arbeit des Mannes, der als Landesvater verehrt wird. Sun Yat-sen (1866–1925) stand an der Spitze der revolutionären Bewegung, die 1911 das Ende des Kaiserreichs besiegelte. Der politische Visionär rief 1912 die Republik aus, wurde aber nur wenig später aus dem Präsidentenamt verdrängt. Von 1918 bis 1924 lebte er zusammen mit seiner jungen, schönen Frau Song Qingling in der Französischen Konzession. *Tgl. 9–17 Uhr | Eintritt 20 Yuan | Xiangshan Lu* 香山路 *7*

6 RUSSISCH-ORTHODOXE MISSIONSKIRCHE 东正教堂 (132 C3) (🕮 J7)

Die 1934 erbaute Kirche mit ihren himmelblauen Zwiebeltürmen gehört zu den schönsten Zeugnissen russischer Kultur in Shanghai. Sie soll wieder als Kirche dienen, nachdem weder Börsen- noch Nachtclubgeschäfte in den heiligen Hallen gut liefen. Erfolg ist nur dem seitlich untergebrachten Restaurant *Grape* mit guter und günstiger Shanghai-Küche beschieden. *Xinle Lu* 新乐路 *55 | M 1 Shanxi Road South*

7 SHANGHAI ARTS & CRAFTS MUSEUM 上海工艺美术博物馆 (132 C4) (🕮 H8)

Ein Relikt aus kolonialen Zeiten und ein kurioser Ort der sozialistischen Kunstförderung im modernen Shanghai: Das „Weiße Haus", wie die Shanghaier das Schlösschen mit repräsentativer Freitreppe im Stil der französischen Renaissance nennen, versetzt die Besucher in das „goldene Zeitalter". Das Gebäude wurde 1905 für den Vorsitzenden des französi-

Eine Villa voller Kunstwerke: Shanghai Arts & Crafts Museum

schen Stadtrats errichtet. Hier wohnte 1950–54 der erste Shanghaier Bürgermeister Chen Yi; sein Denkmal steht am Bund. Heute kann man hier Künstlern bei der Arbeit zuschauen, wenn sie nicht gerade mittags ihr kollektives Nickerchen halten. Fein gearbeitete Stickereien und leicht skurrile Kunstwerke wie Wurzelholzschnitzereien und inwendig bemalte Parfümflaschen sind zu bewundern und können bei Gefallen auch gekauft werden. *Tgl. 9–16 Uhr | Eintritt 8 Yuan | Fenyang Lu* 汾阳路 *79 | M 1, M 7 Changshu Road*

8 SHIKUMEN OPEN HOUSE MUSEUM 屋里厢石库门博物馆 (133 F4) (L8)

Das kleine, feine Museum in einem Shikumen-Haus (Steintorhaus) gibt einen lebendigen Einblick in das Leben einer gutbürgerlichen Familie in der ersten Hälfte des 20. Jhs.: Gezeigt wird eine Wohnung, die liebevoll mit Möbeln und Alltagsgegenständen eingerichtet ist. Anhand von Fotos und Zeichnungen werden die in Shanghai typischen Longtangs (Gassenhäuser) beschrieben. Zudem wird die Sanierung und Entstehung des Trendviertels Xintiandi erklärt. In einer ruhigen Teestube kann man sich erfrischen. *So–Do 10.30–22.30 Uhr, Fr, Sa 11–23 Uhr | Eintritt 20 Yuan | Taicang Lu Lane 181 Nr. 25 太仓路 181 弄 25号 | M 1 Huangpi Road South*

RUND UM DEN VOLKSPLATZ

人民广场

Im Viertel hinter dem Bund, dem heutigen Stadtteil Huangpu, lag das International Settlement der Briten und Amerikaner.

Die 22 km² große Internationale Niederlassung wurde im Norden vom Suzhou Creek begrenzt, ging im Osten darüber hinaus und zog sich am Huangpu entlang. Auf dem ★ *People's Square*, dem Volksplatz, galoppierten früher die Pferde über die Rennbahn. Heute präsentiert sich hier das moderne Shanghai mit seinem neu geschaffenen Zentrum. Das Volk füttert hier sonntags die Tauben und lässt Drachen steigen. Blickfang ist das Opernhaus des französischen Architekten Jean-Marie Charpentier: Das *Grand Theatre* (1998) vereint einen gläsernen Würfel mit einem himmelwärts gebogenen Dach und erstrahlt abends hell erleuchtet in vollem Glanz.

Vom strengen Klotz der Stadtregierung daneben etwas ernüchtert, bleibt der Blick an einer Raumstation, wie von Captain Kirk hierhin gebeamt, hängen: Der futuristische Komplex (1999) entfaltet als *Urban Planning Exhibition Hall* seine visionäre Sprengkraft im Inneren. Aus uralten Zeiten holte das chinesische Architektenteam des *Shanghai Museum* seine Inspiration: Der einem archaischen Bronzetopf nachempfundene Bau (1995) beherbergt eine erstklassige Sammlung alter chinesischer Kunst.

Moderne Kunst findet man in der nordwestlichen Ecke des Platzes im ehemaligen Clubgebäude der Rennbahn (1928) mit Uhrturm und toskanischen Säulen, dem heutigen *Art Museum.* Dahinter ste-

chen die 284 m hohen Spitzen des bedrohlich an eine Rakete erinnernden, 2002 entstandenen *Tomorrow Square* (133 F2) (*M L6*) in den Himmel.

Verschwindend klein wirkt dagegen das *Park Hotel (Nr. 170, Ecke Huanghe Lu)* (134 A2) (*M M6*) ein paar Schritte die Nanjing Lu hinunter: Der aus deutschem Stahl 1934 errichtete erste Wolkenkratzer Shanghais (84 m) war bis in die 1980er-Jahre das höchste Gebäude der Stadt. Er wurde von dem Architekten Ladislaus Hudec (1893–1958) entworfen, der in den 1920er- und 1930er-Jahren für einige der bedeutendsten Bauten Shanghais verantwortlich zeichnete – darunter auch für die schräg gegenüber gelegene ehemalige Methodistenkirche, die heutige *Mu'en Church* (134 B2) (*M M6*), die durch den *People's Park* (Volkspark) zu erreichen ist. Am Park hält das Café INSIDER TIPP *Starbucks (Nanjing Xilu 189)* (134 A2) (*M M6*) einen entspannenden Blick ins Grüne bereit, man kann auf der ruhigen Terrasse sitzen oder in aller Muße die Aussicht vom Dachgarten auf die Wolkenkratzer genießen.

Damals wie heute war die *Nanjing Lu* die Einkaufsmeile der Stadt. Der *Department Store No. 1 (Nr. 830)* (134 B2) (*M M5*) residiert als berühmter alter Konsumtempel an der Kreuzung zur Xizang Lu (Tibet Road) und markiert den Beginn der Fußgängerzone. Seine schlichte Backsteinfassade von 1934 steht im aussagereichen Gegensatz zum gegenüberliegenden *Brilliance Shimao International Plaza* (333 m) aus dem 21. Jh.: Die Säulen des Kommerzes wachsen in Shanghai unaufhaltsam in die Höhe. In der gesichtslosen Modernität der Nanjing Lu finden sich trotzdem noch einige schöne alte Gebäude wie das 1919 entstandene Kaufhaus *Yong'an (Nr. 635, Ecke Zhejiang*

Von der Galopprennbahn zum Zentrum des modernen Shanghai: People's Square

Lu) (134 B2) (*N6*). Am Abend sorgen die Leuchtreklamen für fotogene Farbigkeit.

In der *Fuzhou Lu* finden Sie Buchläden und Geschäfte für Schreibwaren und Malzubehör, es ist die Straße der Kultur. Im vorkommunistischen Shanghai standen hier die Prostituierten unter den roten Laternen, die Straße war gesäumt von Spielsalons und Opiumhöllen. An der Kreuzung mit der Jiangxi Zhonglu fallen die Zwillingsbauten des *Metropole Hotel* und des *Hamilton House* auf: Sie wurden in den 1930er-Jahren vom Architektenbüro Palmer & Turner entworfen und gebaut. Die Gebäude mit dem zentralen Eingangsportal in der konkav zurückgesetzten Front nahmen die Form des *Shanghai Municipal Council Building* von 1919 auf und bilden mit einem Geschäftshaus an der vierten Ecke einen runden Platz. *M 2 Nanjing Road East*

1 ART MUSEUM 上海美术馆

(134 A2–3) (*M6*)

Die witzigen Leute aus Bronze, die vor dem ehemaligen Clubhaus der Pferderennbahn herumlungern, machen bereits neugierig auf die Sammlung des Kunstmuseums. Auch wenn die Exponate nicht berauschend präsentiert sind: Gezeigt wird ein interessanter Querschnitt der chinesischen modernen und gegenwärtigen Kunst. Ein Saal ist der Shanghaier Schule für traditionelle chinesische Kunst gewidmet. Es sind außerdem wechselnde Ausstellungen nationaler und internationaler Künstler zu sehen.

Lebendiger Glaube in der hypermodernen Stadt: Zeremonie im Jadebuddhatempel

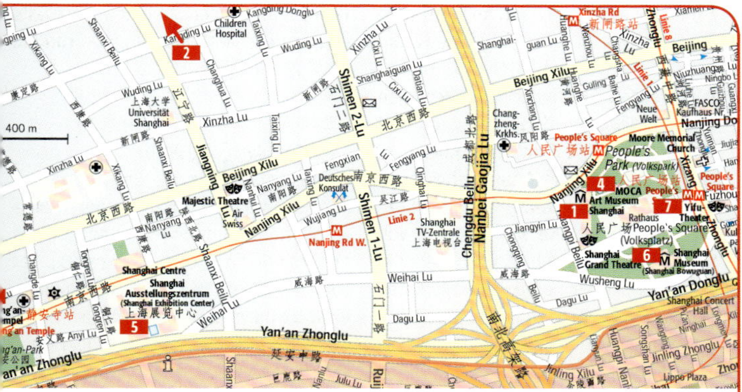

SEHENSWERTES RUND UM DEN VOLKSPLATZ

1 Art Museum
2 Jadebuddhatempel
3 Jing'an-Tempel
4 MoCa Shanghai
5 Shanghai Exhibition Center
6 Shanghai Museum
7 Urban Planning Exhibition Hall

Tgl. 9–17 Uhr (Einlass bis 16 Uhr) | Eintritt frei | Nanjing Xilu 南京西路 *325 | www.sh-artmuseum.org.cn | M1, M2, M8 People's Square*

2 JADEBUDDHATEMPEL 玉佛寺 ★

(0) (J3)

Sehr alt ist es nicht, Shanghais meistbesuchtes Buddhaheiligtum, aber gut erhalten, voll religiösen Lebens und reich ausgestattet mit Bildwerken. Zwei davon – die schönsten – gaben ihm den Namen und stehen gleichzeitig am Anfang seiner Gründungsgeschichte: Ein chinesischer Mönch brachte die Jadebuddhas um 1880 aus Birma (dem heutigen Myanmar) mit, dazu Geldmittel, die Auslandschinesen für den Bau eines Tempels gespendet hatten. Jener erste Tempel verfiel bald, der heutige entstand an neuer Stelle in den Jahren 1918–28.

Gegenüber einer prächtigen Geistermauer steht die Eingangshalle direkt an der Straße. In der Kulturrevolution über die Türflügel geklebte Mao-Bildnisse verhinderten damals die Zerstörung des Tempels: Die Rotgardisten hätten Mao beim Eindringen zerreißen müssen. In der Mitte der Halle (nur von hinten zu betreten) sitzt der lachende Dickbauchbuddha, an den Seiten drohen die furchterregenden Himmelskönige allem Bösen und mahnen Läuterung an. Ihre Attribute sind Schlange und Schirm (Westseite) bzw. Pipa (chinesische Laute) und Schwert (Ostseite). Auf der Rückseite des Buddha wacht Weituo, der Hüter der Lehre, über das Tempelinnere.

Jenseits eines Hofes mit Weihrauchgefäß folgt die Haupthalle, deren Dach verziert ist mit Darstellungen von Ausreise und Heimkehr des Indienpilgers Xuanzang (7. Jh.). Innen sitzen die Drei Kostbaren Buddhas, von links: der Medizinbuddha, Shakyamuni (Gautama) und der Erlöserbuddha Amitabha. An den Seiten reihen sich 20 sogenannte Devas, Schutzgötter. Auf der Rückseite sieht man die Barmherzigkeitsgöttin Guanyin auf der Riesenschildkröte übers Meer fahren; oben ist

Gautama Buddha bei seiner Meditation unter dem Bodhi-Baum zu erkennen, unten neben der Guanyin sind die 18 heiligen Mönche (Luohan) dargestellt.
Im Obergeschoss der folgenden Halle sitzt in einem Schrein der größere der zwei birmanischen Jadebuddhas, eine überaus liebliche Darstellung des Shakyamuni. Der kleinere, ein liegender Buddha, ist gemeinsam mit einem neueren und größeren, ebenfalls liegenden Buddha aus Singapur im Erdgeschoss des westlich benachbarten Gebäudes ausgestellt. Beide zeigen Buddha Gautama beim Eintritt in das Nirvana. Beachten Sie auch die elegant geschwungene, hölzerne Guanyin-Figur, eine ca. 400 Jahre alte Antiquität, die zu Unrecht im Schatten der Jadebuddhas steht. Gehen Sie Richtung Ausgang, so entdecken Sie in der Seitenhalle des ersten Hofes noch einen etwa ebenso alten, großen Bronzebuddha.
Wollen Sie lebendige Religiosität erleben, dann kommen Sie am INSIDER TIPP Vollmond- oder am Neumondtag: der 1. und der 15. des Mondmonats sind traditionelle Daten für religiöse Feiern und Opfer an die Götter, die Buddhas und Bodhisattvas. *Tgl. 8–17 Uhr | Eintritt 20 Yuan, Jadebuddhas 10 Yuan | Anyuan Lu* 安远路 *170*

3 JING'AN-TEMPEL 静安寺
(132 B1) (*M H6*)

Der 247 n. Chr. errichtete „Tempel der Ruhe und des Friedens", während der Kulturrevolution umfunktioniert zu einer Kunststofffabrik, wurde im 21. Jh. für die Ewigkeit betoniert, kunstvoll mit Holzschnitzereien verziert und üppig vergoldet. Die hier zelebrierten Umzüge trommelnder Mönche, im Schlepptau Gläubige mit dem Ohr am Handy, zeigen geschäftige Kontemplation „made in Shanghai". *Tgl. 7.30–17 Uhr | Eintritt 10 Yuan (zu Vollmond und Neumond frei) | Nanjing Xilu* 南京西路 *1686 | M 2 Jing'an Temple*

4 MOCA SHANGHAI
上海当代艺术馆
(134 A2) (*M M6*)

Das MoCA (Museum of Contemporary Art) zeigt zeitgenössische Kunst und modernes Design aus China im internationalen Kontext. Im nicht ganz billigen italienischen INSIDER TIPP *MoCa Caffée* auf dem Dach des kleinen, funkelnden Glaspalasts genießt man die Ruhe über allen Wipfeln und den Blick auf den People's Square. *Tgl. 10–21.30 Uhr | Eintritt 20 Yuan | Nanjing Xilu* 南京西路 *231 | im People's Park* 人民公园 *| www.mocashanghai.org | M 1, M 2, M 8 People's Square*

5 SHANGHAI EXHIBITION CENTER
上海展览中心 (132 C2) (*M J6*)

Der protzige Bau von 1955 im stalinistischen Zuckerbäckerstil sollte die chinesisch-russische Freundschaft zementieren. Diese ging schon wenige Jahre später in die Brüche. Der rote Stern strahlt heutzutage über gut besuchten Immobilienmessen. Wenn viele schwarze Limousinen vor dem Eingang in der Nanjing Lu parken, tagt der Volkskongress. *Nanjing Xilu* 南京西路 *1333 | M 2 Jing'an Temple*

6 SHANGHAI MUSEUM 上海博物馆
★ ● (134 A3) (*M M6–7*)

Chinas derzeit bestes Museum für klassische chinesische Kunst, ein echtes Glanzlicht. Es vereint lauter Vorteile: wunderbare Exponate, hervorragende Präsentation (mit englischen Beschreibungen) und eine informative Audioführung, die sogar auf Deutsch erhältlich ist. Das Museum wurde 1952 gegründet, das heutige Gebäude eröffnete 1996.

Augenschmaus und Kunstgenuss: feinstes Porzellan im Shanghai Museum

Ein Muss sind die Abteilungen für frühchinesische Bronzen (1. Etage), für Keramik und Porzellan (2. Etage) und für Jadeobjekte (4. Etage). Die Porzellan- und die Jadeabteilung enthalten nicht nur erstklassige Stücke – magisch faszinierend: INSIDER TIPP Jadeobjekte des Altertums –, sondern führen auch den Stil- und Geschmackswandel im Laufe der Jahrtausende vor Augen. Danach wäre die 3. Etage mit Tuschbildern und Kalligrafien an der Reihe. Zu sehen sind ferner Skulpturen, Siegel und Kunst der „nationalen Minderheiten", Möbel und Münzen sowie wechselnde Sonderausstellungen.

Rasten können Sie in einem Teeraum auf der 1. Etage. Eine besondere Freude ist der reich bestückte Museumsshop mit hervorragenden Repliken und der besten Kunstbuchabteilung ganz Chinas. *Tgl. 9–17 Uhr (Einlass bis 16 Uhr) | Eintritt frei, jedoch begrenztes Besucherkontingent, daher früh kommen und längeres Schlangestehen einplanen! | Audioführung 40 Yuan (unter Hinterlegung eines Passes oder von 400 Yuan) | Renmin Dadao* 人民大道 *201 | www.shanghaimuseum.net | M 1, M 2 People's Square*

7 URBAN PLANNING EXHIBITION HALL 城市规划展示馆

(134 A3) *(M6)*

Nach dem Besuch des futuristischen Stadtplanungsmuseums gibt es keinen Zweifel mehr: Shanghai rüstet sich zum Aufstieg als führende Weltmetropole. Wenn nur die Rüschengardinen im obersten Geschoss nicht wären ... Vielversprechende Modelle zeigen die städtebaulichen Planungen bis ins Jahr 2020. Hightechpropaganda glorifiziert, wenn sie nicht gerade klemmt, den Masterplan für die Zukunft. Und ein gigantisches Stadtmodell stellt jedes neue Hochhaus und jede neue Straße dar – damit die Bürger sehen können, was aus ihrem Viertel einmal Schönes werden wird. Fotos zeugen von der alten Zeit, die im Untergeschoss museal wiederbelebt

SEHENSWERTES IN PUDONG

1 Jin Mao Building
2 Oriental Pearl Tower
3 Science and Technology Museum
4 Shanghai World Financial Center

wird. *Di–Do 9–17 Uhr, Fr–So 9–18 Uhr | Eintritt 30 Yuan, Sonderausstellungen extra | Renmin Dadao* 人民大道 *100 | www.supec.org | M1, M2, M8 People's Square*

PUDONG

浦东

Der Fluss Huangpu teilt Shanghai in das westlich gelegene Puxi und das östliche Pudong. Anfang der 1990er-Jahre standen hier noch die Bauern in den Reisfeldern.

Wo damals Lagerschuppen, verrottete Hafenanlagen und heruntergekommene Wohnblocks das Auge beleidigten, ragen heute Wolkenkratzer in den Himmel: Marmor, Glas und Stahl glänzen in der Sonne. Mehr als 10 000 ausländische Firmen haben sich hier niedergelassen, sei es im Freihandelshafen Waigaoqiao (0) *(🕮 0)* oder im Finanzdistrikt Lujiazui, dessen neue Börse an den Grande Arche de la Défense in Paris erinnert.

Der *Century Park* (0) *(🕮 0)* und breite Straßen wie die *Century Avenue (Shiji Dadao)* (135 F3–4) *(🕮 Q–S 6–9)* eifern amerikanischen Vorbildern nach. Das Gelände der Weltausstellung zwischen der Nanpu- und der Lupu-Brücke aber zeigt visionäre Ideen für eine menschen- und umweltfreundliche Stadtplanung: eine wunderbare Ode an den Fortschritt, an eine Zukunft in hoch entwickelten und dabei lebenswerten Städten. *M2 Century Park*

1 JIN MAO BUILDING 金茂大厦

★ (135 F4) (Q7)

Das Juwel unter den Glas- und Stahlpalästen spielt mit der Formensprache einer chinesischen Pagode. Elegant und luftig gegliedert, beherbergt es auf seinen 88 Stockwerken neben Büros auch eines der höchstgelegenen Hotels der Welt.

Im 56. Stock öffnet sich das Gebäude innen zu einem schwungvoll in die Höhe steigenden Atrium. Der 421 m hohe Turm wurde von dem amerikanischen Team Skidmore, Owing & Merrill entworfen und gilt als herausragendes Beispiel einer gelungenen Symbiose westlicher und östlicher Architektur.

Anstatt 88 Yuan Eintrittsgeld für den Besuch der Aussichtsplattform im 88. Stock auszugeben, können Sie auch das INSIDER TIPP Lunchbüfett im *Grand Café* *(ca. 250 Yuan | Tel. 021 50 47 12 34 87 78)* im 54. Stock oder einen Drink in der Bar *Cloud 9* im 87. Stock genießen. *Century Avenue (Shiji Dadao)* 世纪大道 *88 | M 2 Lujiazui*

2 ORIENTAL PEARL TOWER 东方明珠塔

★ (135 F3) (Q6)

Das kitschig-schöne Wahrzeichen der Stadt: rosarot wie die erhoffte Zukunft und am Abend kunterbunt illuminiert. Die Perlen symbolisieren Reinheit – ein frommer Wunsch im korruptionsgeplagten China. Der 468 m hohe Fernsehturm bietet eine Aussichtsplattform (350 m), und auf 259 m Höhe gibt es einen INSIDER TIPP neuen, gläsernen Gang um die mittlere Perle, der Schwindelfreie tief blicken lässt. Im Sockel des Fernsehturms wird die Geschichte der Stadt anschaulich dargestellt. *Tgl. 8.30–21.30 Uhr | Eintritt 150 Yuan (bis zur Spitze) | Century Avenue (Shiji Dadao)* 世纪大道 *1 | M 2 Lujiazui*

Pagode mit 88 Stockwerken: das 421 m hohe Jin Mao Building

Im Science and Technology Museum sind viele spannende Entdeckungen zu machen

3 SCIENCE AND TECHNOLOGY MUSEUM 上海科技馆 (0) (*0*)

Vor dem Eingang des Century Park erhebt sich die imposante Glasfassade des Museums für Naturwissenschaft und Technik. Die Exponate und Experimente sprechen Kinder und Erwachsene gleichermaßen an. Zu den Attraktionen gehört der Saal mit den physikalischen Experimenten ebenso wie das Tropenhaus mit den plastischen Rieseninsekten. Kinobesuche (3-D-Kino und IMAX) kosten extra. *Di–So 9–17.15 Uhr (Einlass bis 15.30 Uhr) | Eintritt 60 Yuan | Century Avenue (Shiji Dadao)* 世纪大道 *2000 | www.sstm.org.cn | M 2 Science and Technology Museum*

4 SHANGHAI WORLD FINANCIAL CENTER 上海环球金融中心 (135 F4) (*Q7*)

Ein 492 m hoher „Flaschenöffner", so sein Spitzname, überragt seit 2008 das Jin Mao Building um 71 m: Das Shanghai World Financial Center, mit 101 Stockwerken das zweithöchste Gebäude Chinas, ist eine japanische Investition und das Werk der New Yorker Architekten Kohn Pedersen Fox Associates.

Ursprünglich sollte ein rundes Loch die Spitze des Hochhauses zieren. Dieser Entwurf allerdings erboste die Chinesen, erinnerte er doch an die aufgehende Sonne in der japanischen Flagge (die die Bauherren über Pudong aufziehen wollten, wie man argwöhnte). Nun ist das Loch wie ein Trapez geformt, als Tribut an die Harmonie der Völker. Eine Aussichtsbrücke dort oben und der Besuch des Observatoriums versetzen in Höhenrausch. *Tgl. 8–23 Uhr (Einlass bis 22 Uhr) | Eintritt 100–150 Yuan (94.–100. Etage) | Century Avenue (Shiji Dadao)* 世纪大道 *100 | www.swfc-observatory.com | M 2 Lujiazui*

IN ANDEREN VIERTELN

LONGHUA-TEMPEL 龙华寺 ★

(0) (🗺 0)

Die wohl schönste Tempelanlage in Shanghai. Vor dem Haupttor steht eine anmutige Pagode aus dem Jahr 977. Der vermutlich im 3. Jh. n. Chr. gegründete Tempel, im 15. und 19. Jh. neu aufgebaut und 2003 renoviert, war während der Kulturrevolution geschlossen. Keine der Statuen, die ihn ursprünglich schmückten, hat die Zerstörungswut der Roten Garden überlebt.

Trotzdem hat der „Tempel der Drachenblume" seinen ruhigen Charme bewahrt. Der monotone Gesang der Mönche zum Klang der Fischmaultrommel erfüllt wieder die Luft. Betend ziehen sie jeden Tag gegen 11.30 Uhr durch die fünf Hallen, vor ihrem Mittagessen.

Auch Sie können sich um diese Zeit im rechten Seitenflügel mit einer ausgezeichneten vegetarischen INSIDER TIPP Nudelsuppe stärken *(7.30–15.30 Uhr | 10 Yuan)*. Steigen Sie dann für 50 Yuan auf den Glockenturm von 1764 und schlagen Sie die Glocke. Das wird Sie nach buddhistischem Glauben von Ihren Sorgen befreien.

Das *Jen Dow Vegetarian Restaurant (Tel. 021 64 57 22 99)* im hinteren Teil des Tempels ist elegant renoviert und bietet ein phantastisch reichhaltiges Mittagsbüfett für ca. 140 Yuan bzw. Dinnerbüfett für

BÜCHER & FILME

▶ **Hotel Shanghai** – Shanghai 1937: Der Stadt der Aufsteiger und Ausgebeuteten, Glücksritter und Flüchtlinge aus aller Welt hat Vicki Baum mit ihrem Roman Unsterblichkeit verliehen.

▶ **Shanghai Architecture** – Eine umfassende Handreichung (2007). Autorin Anne Warr bietet auch Stadtführungen an *(www.walkshanghai.com)*.

▶ **Shanghai. Mondkuchen und Pflaumenregen** – Eine kulinarische Entdeckungsreise, verfasst von Gourmet und Krimiautor Qiu Xiaolong und Susanne Hornfeck (2007).

▶ **Shanghai fern von wo** – Nach jahrzehntelanger Spurensuche hat Ursula Krechel einen berührenden, feinsinnigen Roman über das Schicksal jüdischer Flüchtlinge in den 1930er- und 1940er-Jahren geschrieben (erschienen 2010).

▶ **Shanghai Performance** – In Silke Scheuermanns coolem, amüsantem Roman (2011) über die Shanghaier Kunstszene und die Glamourwelten der Stadt wird am Ende Zivilisationskritik geübt.

▶ **Shanghai Serenade** – Zhang Yimous Filmklassiker (1995) spielt in den wilden 1930er-Jahren. In der Rolle der hinreißenden Nachtclubsängerin: Gong Li, die Unsterbliche unter den großen Schauspielerinnen Chinas.

▶ **Empire of the Sun** – Steven Spielbergs Film aus dem Jahr 1987 erzählt von der japanischen Invasion 1937 und dem Leiden der Amerikaner in den Internierungslagern.

rund 160 Yuan an. Gäste, die das Restaurant INSIDER TIPP von der *Longhua Lu 2787* her betreten, dürfen anschließend umsonst in den Tempel.

Der ● *Märtyrerpark* mit dem *Memorial Museum (Park tgl. 6–16.30 Uhr, Museum Di–So 9–16 Uhr | Eintritt frei)* nebenan bietet das ideologische Kontrastprogramm zum Tempel. Skulpturen im Stil des sozialistischen Realismus und eine futuristische Mausoleumspyramide erinnern an die Opfer des Massakers von 1927: Die Truppen Chiang Kai-sheks richteten mit Unterstützung der Geschäfts- und Unterwelt Shanghais ein Gemetzel an, dem schätzungsweise 5000 streikende Arbeiter und Kommunisten zum Opfer fielen. Daraufhin floh die Kommunistische Partei aus der Stadt und begann, die Macht nicht über die Mobilisierung des Industrieproletariats, sondern durch die Unterstützung der Bauern zu erobern – was schließlich auch gelang.

Longhua-Tempel tgl. 7–16.30 Uhr | Eintritt 10 Yuan | Longhua Lu 龙华路 2853 | M 3 Longcao Road

LU-XUN-PARK 鲁迅公园 ●

(131 F1) (*🕮 P–Q1*)

Chinesen treffen sich zwischen 6 und 7 Uhr morgens im Park: Sie üben Taijiquan (Schattenboxen) oder Mulanji, die Gymnastik mit Schwert und Fächer, und tanzen Tango zu Klängen aus dem Kassettenrecorder. Ad-hoc-Chöre schmettern Volkslieder. Später hängen die Pensionäre hölzerne Käfige mit Singvögeln in die Bäume und beugen ihre Köpfe über Brettspiele.

Lu Xun (1881–1936), der einflussreichste Schriftsteller des modernen China, verbrachte die letzten Jahre seines Lebens in Shanghai und ist in diesem Park begraben. Das gut gestaltete *Lu-Xun-Museum (tgl. 9–16 Uhr | Eintritt frei)* – mit kleinem Buchladen, der auch deutsche Übersetzungen bereithält – gibt Einblick in sein Schaffen. In einem kleinen Kino wird INSIDER TIPP eines von Lu Xuns meisterlichen Prosagedichten visualisiert: Man kann der Melodie der chinesischen Sprache lauschen und über englische Untertitel seine Sprachbilder bewundern. In der Nähe liegt auch Lu Xuns *Wohnhaus (tgl. 9–16 Uhr | Eintritt 8 Yuan | Shanyin Lu 9, Lane 132 | südöstlich des Parks)* (131 F2) (*🕮 P–Q1*).

Geht man vom Haupteingang (Südtor) Richtung Süden, gelangt man auf die autofreie *Duolun Lu* (131 F2–3) (*🕮 P2*). Die Bronzeskulpturen in dieser Straße zeigen die gesellschaftskritischen Schriftsteller, die in der ersten Hälfte des 19. Jhs. die moderne chinesische Literatur schufen. Kleine Läden mit Antiquitäten, Handwerkskunst und kuriosen Dingen laden zum Stöbern ein. Besuchen Sie unbedingt auch das *Doland Museum of Modern Art (Nr. 27 | Di–So 10–18 Uhr | Eintritt 10 Yuan | Duolun Lu 27 | www.duolunmoma.org)*. Pausieren können Sie im liebenswürdigen INSIDER TIPP *Eucalyptus*

Die 1910 erbaute Xujiahui-Kathedrale ist innen schlicht und hell ausgestaltet

Café des altertümlichen *Koala Garden House (Nr. 240). Eintritt Park frei | M 3, M 8 Hongkou Football Stadium*

OHEL-MOISHE-SYNAGOGE
犹太难民纪念馆 (O) (*🕮 S5*)

Eine bemerkenswerte Fotoausstellung in der 1927 von russischen Juden errichteten Synagoge erinnert an die Zeit des jüdischen Ghettos. **INSIDER TIPP** Auf jüdischen Spuren wandern können Sie mit dem Fotografen Dvir Bar-Gal *(halbtägige Touren in englischer oder hebräischer Sprache tgl. ab 9.30 Uhr | 400 Yuan | Tel. mobil 130 02 14 67 02 | www.shanghai-jews.com). Mo–Fr 9–16.30 Uhr | Eintritt 50 Yuan | Changyang Lu* 长阳路 *62 | nahe der Zoushan Lu | M 4, M 13 Dalian Road*

SHANGHAI ZOO 上海动物园
(O) (*🕮 O*)

Pandabären sehen putzig aus, wenn sie Bambus vertilgen! Auch wenn die Tierhaltung der rund 600 gezeigten Spezies nicht optimal ist – für chinesische Verhältnisse ist dies ein guter Zoo. Lernen Sie die heimische Tier- und Pflanzenwelt kennen und erfreuen Sie sich an der chinesischen Parkgestaltung mit immer wieder überraschenden Blicken auf klassische Pavillons, zierliche Brücken und Seen, auf denen Pelikane paddeln und Enten schwimmen. Zauberhaft ist die Atmosphäre zur Kirschbaumblüte im Frühling, wenn die grünen Wiesen bevölkert sind von verliebten Pärchen, picknickenden Großfamilien und übermütigen Schulklassen. *Tgl. 7–16.30 Uhr (letzter Einlass) | Eintritt 40 Yuan, Kinder unter 1,20 m frei | Hongqiao Lu* 虹桥路 *2381 | M 10 Shanghai Zoo*

XUJIAHUI-KATHEDRALE
徐家汇天主堂 (O) (*🕮 E10*)

Die größte katholische Kirche im Fernen Osten wurde 1910 im Stil der französischen Gotik errichtet und zeugt von der Missionstätigkeit der Jesuiten. Sie ist dem Schutzpatron St. Ignatius gewidmet. Der Backsteinbau mit zwei Glockentürmen hat schöne Wasserspeier und ist

innen hell und schlicht ausgestattet. *So 13–16 Uhr | Puxi Lu 158 蒲西路 | M 1, M 9 Xujiahui*
In der Nähe der Kathedrale liegen *Grab und Gedenkstätte von Xu Guangqi* im gleichnamigen *Park (Di–So 9–16 Uhr | Nandan Lu 16)* (O) *(Ⓜ D10)*. Der chinesische Gelehrte (1562–1633), der mit einer großen steinernen Büste geehrt wird, war ein Schüler des jesuitischen Missionars Matteo Ricci (1552–1610) und arbeitete mit dem berühmten Astronomen Adam Schall von Bell (1591–1666) zusammen.

AUSSERHALB

ZHUJIAJIAO 朱家角镇 (141 D4) *(Ⓜ O)*
Zhujiajiao am Ufer des Dianshan-Sees ist das einzige der vielen Wasserdörfer im Umland, das noch zu Shanghai gehört. Die Renovierungswelle ist natürlich auch hierhin geschwappt, allerdings erst in diesem Jahrhundert. In Zhujiajiao wurde behutsam saniert und nicht so viel zerstört wie andernorts. So bietet diese kleine Wasserstadt immer noch genug, um in den Gassen entlang der vielen kleinen Kanäle das alte, pittoreske China suchen zu gehen. Die Geschichte der Siedlung begann vor etwa 1700 Jahren. Noch heute säumen zweistöckige Häuser mit geschwungenem Dach aus der Ming- und Qing-Zeit (1368–1911) die Kanäle, die von zwanzig alten Brücken überspannt werden.
Wenn Sie sich durch die Händlergassen gewunden und das bunte Angebot bewundert haben, beruhigt ein Blick von der steinernen *Fangsheng-Brücke* (Brücke zur Freilassung) das Auge. Langsam

RICHTIG FIT!

Der beste Platz zum Joggen in Shanghai liegt in Pudong: Der *Century Park (M 2 Century Park)* **(O)** ***(Ⓜ O)*** ist eine rund 1,4 km² große Parklandschaft, die dank des Eintrittspreises von 10 Yuan nicht von Erholungssuchenden überlaufen ist. Die Laufstrecke, die je nach Route 4 bis 6 km lang ist, führt durch Blumenwiesen, kleine Wälder, an Seen und Flüssen entlang.
Wer lieber aufs Eis will, geht in die *Mercedes-Benz-Arena* **(137 E5)** ***(Ⓜ M13)***: Die zur Expo gebaute Halle in Pudong beherbergt nicht nur eine der größten Konzertarenen, zahlreiche Restaurants und Geschäfte, sondern auch die beste Eislaufbahn der Stadt. Der *Century Star Skating Club (tgl. 10–22 Uhr | Eintritt für 2 Std. inkl. Schlittschuhausleihe Mo–Fr 50 Yuan, am Wochenende 60 Yuan | Shibo Dadao | M 8 Zhoujiadu)* bietet hervorragende Einrichtungen. Anfänger können effektive 30 Minuten Einzelunterricht für 120 Yuan buchen.
Die Filmstars Bruce Lee und Jackie Chan haben Kung-Fu, das sich in mehrere Schulen unterteilt, im Westen populär gemacht. Warum also nicht mal im Mutterland dieser Kampfkünste eine Trainingsstunde nehmen? Dies ist möglich im *Mingwu International Kungfu Club (Hongmei Lu 3212, Hongchun Building 3/Fl | Tel. 021 64 65 98 06 | www.mingwukungfu.com | M 10 Longxi Road)* **(O)** ***(Ⓜ O)***. Angeboten werden Wushu, Taijiquan (Schattenboxen), Qigong-Übungen, Jeet Kune Do und, für ganz coole Leute, Karate.

Ein Ausflug in das Wasserdorf Zhujiajiao führt in eine Welt der Brücken und kleinen Kanäle

gleiten die rostigen Lastkähne dahin. Alte Frauen bieten kleine, lebende Fische zum Kauf an: Greifen Sie zu (Vorsicht, glitschig!) und werfen Sie einen Fisch zurück ins Wasser. Das ist ein alter buddhistischer Brauch und bringt Glück. Die Brücke, benannt nach dieser Tradition, wird von fünf steinernen Bögen getragen. Mit 72 m Länge und 7,40 m Höhe ist sie die größte und schönste dieser Art im Jangtse-Delta. Auch wenn die „Gondolieri" hier nicht singen – romantisch ist eine Fahrt mit dem hölzernen Kahn durch die Kanäle dennoch.

Die Wasserstadt ist touristisch voll erschlossen. Das Eintrittsgeld, zu entrichten am Stadttor am Parkplatz, berechtigt zum Besuch der Sehenswürdigkeiten, die in einem Plan eingezeichnet sind. Dazu zählen der *Kezhi-Garten* und der mit seinen blutrünstigen Gemälden ebenfalls eindrucksvolle *Stadtgotttempel*. Beachten Sie ferner die Ausstellung jahrtausendealter Keramik- und Jadefunde im Delta: Hier staunt man über die Kunstfertigkeit und das ästhetische Gespür im alten China. Eine weitere Ausstellung erzählt vom Reisanbau und der Weiterverarbeitung des wichtigsten Grundnahrungsmittels. Die Exponate im kleinen *Fischereimuseum* sind ebenfalls sehr anschaulich präsentiert.

Im *Granny Teahouse* sind Sie schließlich im ersten Haus am Platz gelandet, was die Aussicht betrifft. Hier können Sie sich für die Rückfahrt stärken.

Eintritt 30, 60 oder 80 Yuan (je nach Sehenswürdigkeiten/Bootsfahrt) | Tagestouren mit dem Touristenbus ab Shanghai-Stadion (0) (E12) oder einstündige Fahrt mit dem Hu Zhu Express Bus (6–22 Uhr alle 20–60 Min.) ab südl. People's Square an der Kreuzung Pu'an Lu/Yan'an Donglu (134 A4) (M7) oder M 9 nach Sheshan (141 E4) (0) plus Taxi | ca. 40 km von Shanghai

ESSEN & TRINKEN

In Shanghai ist Essengehen eine der größten Attraktionen. Denn hier, im Schmelztiegel der Nation, kann man Spezialitäten aus so gut wie jeder Provinz Chinas genießen.

Im kalten Norden wird rustikal, kalorien- und knoblauchreich gekocht. Nicht nur die Reitervölker der Steppe prägten die Peking-Küche, sondern auch die kaiserlichen Köche: Sie kreierten die weltberühmte Pekingente. Im warmen Süden wird alles so leicht und fein zubereitet, dass die kantonesische Küche vielen als die beste im Land gilt – eine Spezialität sind die gefüllten Teigtaschen *dim sum.* Im Westen wird es dann scharf: In Sichuan liebt man den Pfeffer und die Würze des roten Chilis. Gern versammelt man sich um den Feuertopf, eine Art Fondue.

In der Shanghai-Küche bestimmen von jeher Reis, Fisch und Meeresfrüchte sowie allerlei Süßwassergetier aus dem wasserreichen Hinterland den Speiseplan. Huhn und Ente fehlen natürlich auch nicht. Die Gerichte werden mit viel Öl, Sojasauce und Reiswein zubereitet, oft auch süßsauer angerichtet. Weil die Winter empfindlich kalt sein können, müssen kalorienreiche Speisen von innen wärmen. So kommt es, dass schwere Saucen angerührt werden, viel paniert und frittiert wird und eine warme Suppe zum guten Schluss kommt.

Als erfrischendes, leicht bitteres Getränk bietet sich grüner Tee an. Im Sommer und Herbst ist frisch gepresster Melonensaft *(xigua)* jeder Limonade vorzuziehen. Natürlich gibt es auch Alkoholisches: Das

Bild: Restaurant Bi Feng Tang

Shanghai wird zum Schlemmerland: Chinesische und internationale Küchen wetteifern um die Gunst des Publikums

leichte Tsingtao-Bier kommt aus der berühmten, von Deutschen gegründeten Brauerei in Qingdao. Chinesischer Wein schmeckt auch nicht schlecht, und der Maotai-Schnaps ist nicht zu unterschätzen.

Ein chinesischer Gastgeber wird auftischen, was die Küche zu bieten hat, um Sie mit seiner Großzügigkeit zu beeindrucken. Bei einem Bankett werden stets mehrere Gänge aufgetragen. Reis wird übrigens erst am Ende des Essens gereicht. Die deutsche Sitte, alles aufzuessen, um zu zeigen, wie gut es schmeckt, wird in China als Zeichen verstanden, dass Sie nicht satt geworden sind, und wird den Gastgeber beschämen. Lassen Sie also immer einen Anstandshappen übrig.

Trinken, ohne einander zuzuprosten, ist nicht üblich. Nach einem Toast auf seinen Gast wird der Gastgeber mit *ganbei* zum Leeren des Glases auffordern. Er wird aber dafür sorgen, dass Ihr Glas nicht leer wird, sondern ständig überläuft. Hören Sie einfach auf zu trinken, bevor Sie vom Stuhl kippen. In China zahlt die Zeche übrigens immer nur einer: Wenn Sie nicht eingeladen werden, erwartet man das von Ihnen als reichem Ausländer.

schmeckt, ist normalerweise auch bekömmlich. Lassen Sie beim geringsten Zweifel auch bereits bestellte Speisen unberührt. Allgemein sollte man bei allem Fettgebackenen vorsichtig sein.

Erfrischend und gesellschaftsfähig: grüner Tee in traditionellem Ambiente

Wer jemals gesehen hat, wie eine chinesische Tischgesellschaft ausgelassen feiert, der glaubt an den Sieg der großen proletarischen Revolution. Zumindest, was die „bourgeoisen" Tischsitten betrifft – sie scheinen in China ausgerottet zu sein. Da wird geschlürft, geschmatzt und gerülpst, und der Tisch verwandelt sich in kürzester Zeit in einen Abfallhaufen. In China wird das Fleisch nicht schon in der Küche vom Knochen gelöst, sondern mitsamt Knochen, Haut und Sehnen mundgerecht zerhackt und serviert. Das Sortieren erledigen die Chinesen im Mund, und natürlich gibt es dann viel auszuspucken.

Verlassen Sie sich beim Essen auf der Straße auf ihren Geruchs- und Geschmackssinn: Was gut riecht und gut Überzeugen Sie sich davon, dass frisches Öl benutzt wird. Gekochte, gebackene oder gedämpfte Speisen kann man meist ohne Bedenken essen, wenn sie nicht schon lange warm gehalten wurden.

In Shanghai kann man für erstaunlich wenig Geld gut speisen. Lächerlich günstig ist es in einfachen Lokalen, und die besten Restaurants sind, verglichen mit westlichen Metropolen, auch nicht teuer. Viele Lokale bieten zudem günstige Lunchmenüs an – es lohnt sich, mittags essen zu gehen!

Chinesen essen gern früh am Tag: Mittagessen wird von 11 bis 14 Uhr, Abendessen von 17 bis spätestens 21 Uhr serviert. Westliche Lokale haben länger geöffnet, und in den Restaurantmeilen bekommt man immer einen guten Happen. Wenn im Folgenden eine Telefonnummer angegeben wird, ist eine Tischreservierung unerlässlich.

RESTAURANTMEILEN

HENGSHAN LU 衡山路

(132 A–B 4–5) (*E–G 8–9*)
Hier und in den Nebenstraßen finden Sie westlich orientierte Restaurants und Szenekneipen, in denen am frühen Abend viel los ist. *M 1 Hengshan Road*

INSIDER TIPP JIASHAN MARKET

嘉善坊 (132 C5) (*J9*)
Versteckt in einem Gässchen, in einer alten Strickwarenfabrik, ist Shanghais erste „Urban Garden Community" entstanden: Eine grüne Oase, in der man sich um ökologisch verträgliche Lebensweise bemüht. Mit Naturmaterialien gestaltete Lokale gruppieren sich um einen ruhigen Hof. Erfrischende Fruchtsäfte und mediterran-leichte Gerichte aus lokalen Bioprodukten sind im Caféstaurant *Melange Oasis* nicht nur gesund, sondern purer Genuss. *Shanxi Nanlu* 陕西南路 *25–37 Lane* 弄 *550 | südl. der Kreuzung Shaoxing Lu am zweiten Zebrastreifen rechts in die Gasse zur Jiashan Lu einbiegen | www.jiashanmarket.com | M 1, M 10 Shanxi Road South, M 9 Jiashan Road*

SUPER BRAND MALL 正大广场

(135 E3) (*P6*)
Im größten Einkaufszentrum Chinas werden die hungrigen Büroangestellten von Pudong in vielen Restaurants und Cafés gefüttert. Verschiedene Preisklassen, teilweise mit Selbstbedienung. Schön sind die Lokale mit Balkon und Aussicht auf den Bund. *Lujiazui Xilu* 陆家嘴西路 *168 | M 2 Lujiazui*

YUNNAN LU 云南路

(134 B3–4) (*M6–7*)
Ein Lokal reiht sich an das andere. Zum Angebot zählen solide Küche, Lokalkolorit und die Tatsache, dass man etwas Gutes zu essen bekommt, auch wenn man kein Wort versteht. *M 1, M 2 People's Square, M 8 Dashijie*

MARCO POLO HIGHLIGHTS

★ 100 Century Avenue
Verzückt von der Kochkunst, verzaubert von der Aussicht hoch oben im Shanghai World Financial Center → S. 60

★ Stiller's
Geschmackliche Avantgarde in den Cool Docks am Huangpu: ein Platz für entspannte Genießer → S. 60

★ Jujube Tree – Vegetarian Lifestyle
Vegetarische Frische zu kleinem Preis macht viele glücklich → S. 62

★ Lost Heaven
Das Essen hier, das wird ein Stück vom Himmel sein. Volkskunst aus Yunnan bildet den schönen Rahmen → S. 63

★ Nanxiang Steamed Buns Restaurant
Kleine Köstlichkeiten in klassisch-chinesischem Ambiente: Bei den gefüllten Teigtäschchen *dim sum* wird jeder schwach → S. 63

★ Yè Shanghai
Lokale Kochkunst vom Feinsten – mit Blick in steinerne Gassen → S. 64

ZHAPU LU 乍浦路 (135 D1) (*P4–5*)
Am Suzhou Creek beginnt die neonbunte Genussmeile der Fischrestaurants. Nicht nur im *Dynasty Restaurant (Nr. 324 | €€)* gibt es Frischegarantie: Gefischt wird erst, wenn der Gast seine Mahlzeit aus den Aquarien ausgewählt hat. *M 10, M 12 Tiantong Road*

CAFÉS & TEEHÄUSER

INSIDER TIPP CITIZEN CAFÉ
(133 D3) (*J7*)
Diese charmante kleine Cafébar ist ein Ruhepol im Klamottenshoppingviertel rund um die Huaihai Lu. *Jinxian Lu* 进贤路 *222 | www.citizenshanghai.com | M 1, M 12 Shanxi Road South*

OLD CHINA HAND READING ROOM
汉源书店 (133 D5) (*J9*)
Einmalige Mischung aus Bibliothek, Heimatmuseum und Café. Bildbände des Besitzers und Fotografen Deke Erh regen zu weiteren Entdeckungstouren an. *Shaoxing Lu* 绍兴路 *27 | M 9, M 12 Dapuqiao*

INSIDER TIPP OLD SHANGHAI TEAHOUSE 老上海茶馆
(134 C5) (*O8*)
Das altertümlich eingerichtete Teehaus erinnert an das Shanghai der 1930er-

GOURMETTEMPEL

100 Century Avenue 世纪 **100**
★ ● (135 F4) (*Q7*)
Das avantgardistische Park-Hyatt-Restaurant im Shanghai World Financial Center zeichnet sich aus durch exzellente westliche und östliche Küche, angenehmen Service und eine gigantisch schöne Aussicht, die sich auch bei einem Capuccino genießen lässt. Menü ab ca. 50 Euro. *Park Hyatt* 柏悦酒店*, 91–93/F | Century Avenue (Shiji Dadao)* 世纪大道 *100 | Tel. 021 38 55 14 28 | shanghai.park.hyatt.com | M 2 Lujiazui*

Jean Georges (135 D3) (*O6*)
Die Haute Cuisine des Jean-Georges Vongerichten wird in einer Atmosphäre stilvoll-dunkler Eleganz serviert. Schön, wenn abends die Lichter der Skyline den Speisesaal illuminieren. Menü ca. 70 Euro. Im *Nougatine* wird tgl. 18–19 Uhr ein Dreigängemenü für ca. 28 Euro serviert. Auch ohne Reservierung. *Three on the Bund, 4/F | Zhongshan Dong Yilu* 中山东一路 *3 | Tel. 021 63 21 77 33 | www.threeonthebund.com*

Mr. & Mrs. Bund (135 D2) (*O6*)
Starkoch Paul Pairet ist berühmt für seine intelligente französische Küche. Das zarteste Filetsteak und die himmlischste Zitronentarte gibt's in einem Ambiente mit Pep und relaxter Atmosphäre. Menü um 50 Euro, Businesslunch (Mo–Fr 11.30–14 Uhr) ab ca. 24 Euro. *Zhongshan Dong Yilu* 中山东一路 *18, 6/F | Tel. 021 63 23 98 98 | www.mmbund.com*

Stiller's ★ (139 E2) (*P9*)
In den Cool Docks am Huangpu zaubert der deutsche Kochkünstler Stefan Stiller. Sein Restaurant ist ein moderat gestyltes Refugium für Leute, die genießen wollen und nicht blenden müssen. Menü ca. 50 Euro. *Zhongshan Nanlu* 中山南路 *505, Bldg. 3, 6–7/F | Tel. 021 61 52 65 01 | www.stillers-restaurant.cn/wordpress | M 9 Xiaonanmen*

Jahre. Aus den Fenstern des ersten Stockwerks können die Besucher beim Teeschlürfen in aller Ruhe Handel und INSIDER TIPP rund um die Uhr etwas zu essen. *Changle Lu* 长乐路 *175 | M 1, M 10 Shanxi Road South* | €

Refugium im Stil der 1930er-Jahre: Atmosphäre tanken im Old Shanghai Teahouse

Wandel in der Old China Street (Fangbang Lu) beobachten. *Fangbang Zhonglu* 方浜中路 *385 | M 10 Yu Garden*

VIENNA CAFÉ (133 D5) (*J9*)

Hier werden Gugelhupf und Sachertorte serviert, aber dieses Café im Französischen Viertel ist auch ein gemütlicher Ort für den Sonntagsbrunch mit Biobrot, den es von 10 bis 14 Uhr gibt. Wer eine deutschsprachige Zeitschrift abgibt, bekommt INSIDER TIPP einen Kaffee gratis. *Shaoxing Lu 25, Haus 2* 绍兴路25弄2号 *| M 9, M 12 Dapuqiao | www.viennashanghai.com*

CHINESISCHE KÜCHE

BI FENG TANG 避风塘

(133 E3) (*J7*)

Eine folkloristische Restaurantkette, witzig, günstig und gut. Köstlich sind die Maultaschen mit Shrimps sowie die Suppe mit gerösteter Ente. Hier gibt es

DI SHUI DONG 滴水洞

(133 D3) (*K7*)

Preiswürdige, authentische Hunan-Küche, liebenswürdig serviert in rustikalem Ambiente. Von erinnerungswürdigem Wohlgeschmack: die Suppe mit Lotossamen. *Maoming Nanlu* 茂名南路 *56, 2/F | M 1, M 10 Shanxi Road South* | €

1221 THE DINING ROOM 餐馆1221

(0) (*G8*)

Hochgelobte, feine und leichte Shanghai-Küche in einem schnörkellosen, kultivierten Ambiente. *Yan'an Xilu* 延安西路 *1221 | Nähe Panyu Lu, in einer kleinen Gasse | Tel. 021 62 13 65 85 | M 3, M 4 Yan'an Road West* | €€

GUYI 古意湘味浓 (132 C2) (*H6*)

Scharfe Küche aus Hunan. Siedender Hot Pot – Fondue mit Fleisch und Gemüse – bringt Sie richtig ins Schwitzen. Vorsicht, verbrennen Sie sich nicht die Zunge! *Fumin Lu* 富民路 *89* | €

SPEZIALITÄTEN

▶ **ba bao ya** – gebratene Ente, gefüllt mit den „acht Schätzen" (z. B. Lotossamen, getrocknete Datteln, Schinken, Hühnchenfleisch, Reis, grüne Bohnen) (Foto re.)

▶ **baozi** – mit Fleisch gefüllte Dampfnudeln (mit Gemüsefüllung: *caide baozi)*

▶ **dazhaxie** – Wollhandkrabben *(big gate crab, hairy crab)* aus dem Yangcheng-See westlich von Shanghai, gibt's nur von September bis Anfang Dezember. Liebhaber benutzen acht Werkzeuge, um jedes Häppchen zu verspeisen

▶ **doufu** – Tofu oder Bohnenquark: Proteinbombe, getrocknet, frittiert oder in Sojasauce gebraten. Sehr scharf als *mapo doufu* (mit Hackfleisch), sehr gewöhnungsbedürftig als *chou doufu* („stinkender Tofu")

▶ **gongbao jiding** – gewürfeltes Hühnerfleisch mit Chili und Erdnüssen

▶ **hongshao rou** – Schweine- oder Rindfleisch, in schwarzer Sojasauce gekocht und mit gekochten Eiern, Kartoffeln und Gemüse angerichtet

▶ **jiaohuazi ji** – Erst in Lotosblätter gewickelt und dann in Lehm verpackt, wird das „Bettlerhuhn" *(beggar's chicken)* im offenen Feuer gebacken

▶ **jiaozi** – länglich geformte, mit Fleisch, Frühlingszwiebeln und Gemüse gefüllte Teigtaschen. Sie werden gebraten oder gekocht und am Tisch in ein Schälchen mit Essig, Sojasauce und Chili gestippt

▶ **mantou** – Dampfbrötchen aus Hefeteig und neutral im Geschmack, werden gern zum Frühstück gegessen

▶ **songshu guiyu** – süßsauer angerichteter Mandarinfisch (Süßwasserfisch) mit Pinienkernen

▶ **suanni helan dou** – Zuckerschoten mit Knoblauch

▶ **xiaolong bao** – kleine, mit Schweine- oder Garnelenfleisch gefüllte Teigtaschen. Den köstlichen heißen Sud fängt man mit dem Suppenlöffel auf (Foto li.)

▶ **xiazi dawushen** – geschmorte Seegurke mit Krabbeneiern

▶ **yandu xiantang** – Suppe mit frischem Bambus und zweierlei Sorten Fleisch

JUJUBE TREE – VEGETARIAN LIFESTYLE
枣子树 ★

„Wir tragen Sorge für die Erde, die Tiere und deine Gesundheit" – dieser Lebensstil findet immer mehr Anhänger. Auch weil knusprig gebratene Pilze, Tarorollen in Kürbissauce, Sesampfannkuchen und Bambussprossensaft hier richtig gut schmecken! Der günstige *Set Lunch* (um 30 Yuan) sorgt für Hochbetrieb. *Fengxian*

Lu 奉贤路 *258 | Tel. 021 62 15 75 66 | M 2, M 12 Nanjing Road West* (133 D1) *(K5); Songshan Lu* 嵩山路 *77 (im Hinterhof links) | Tel. 021 63 84 80 00 | M 1 Huangpi Road South* (134 A4) *(M7) | www.jujubetree.com* | €

LOST HEAVEN 花马天堂 ★
(0) *(F7)*
Spezialitäten aus der südwestchinesischen Provinz Yunnan, inspiriert von der Küche der dortigen Volksgruppen. Ihre Kunst schmückt das Lokal und die intime Bar *The Mask.* Probieren Sie „Huhn nach Art der Dai mit sieben Gewürzen". Die Location am Bund ist wegen der guten Cocktails zu empfehlen (Happy Hour tgl. 17–19 Uhr). *Gaoyou Lu* 高邮路 *38 (zwischen Fuxing Lu und Hunan Lu) | Tel. 021 64 33 51 26 | M 1, M 7 Changshu Road; am Bund: Yan'an Donglu 17 (Nähe Sichuan Nanlu) | Tel. 021 63 30 09 67* (135 D3) *(O7) | www.lostheaven.com.cn* | €€

MEI LONG ZHEN 梅龙镇酒家
(133 D1) *(K6)*
Urchinesisch: Schnitzwerk, goldene Drachen, Lampions. Das Essen ist zwar etwas ölig, aber das ist eben echt *shanghainese,* genau wie dieses Traditionsrestaurant in einem alten Stadtpalais. *Nanjing Xilu* 南京西路 *Lane* 弄 *1081 Nr. 22 | Hinterhof, Nähe Jiangning Lu | Tel. 021 62 53 53 53 | M 2, M 12 Nanjing Road West* | €€

NANXIANG STEAMED BUNS RESTAURANT 南翔馒头店 ★
(135 D5) *(O8)*
Berühmtes Dimsum-Restaurant mit Galerie am Teich vor dem Yu Yuan, zu erkennen an der langen Warteschlange vor dem Straßenverkauf. Im 1. Stock liegen die stets vollen Speisesäle. Wer reserviert hat, kann an den Wartenden vorbeiziehen. *Yuyuan Laolu* 豫园老路 *85 | Tel. 021 63 55 42 06* | €

Design oder Nichtsein: People 6

PEOPLE 6 穹六人间
Das Tor öffnet sich erst, wenn man die Hand in den Schlund einer Metallskulptur steckt. Leuchtende Milchglastreppen führen auf die Galerien im 1. und im 2. Stock. Ein Hightechaufzug befördert das Essen, das besser ist, als man in einem so ultramodern gestylten Restaurant erwartet. In der Filiale *People 7* wird der Türcode nur bei Reservierung verraten. *People 6: Yueyang Lu* 岳阳路 *150 | Tel. 021 64 66 05 05 | M 1 Hengshan Road* (132 B5) *(H6); People 7* 萤七人间*: Julu Lu* 巨鹿路 *805 | Tel. 021 54 04 07 07* (132 C2) *(J6)* | €€

PIN CHUAN SICHUAN CUISINE
(132 B4) *(H8)*
In schwarz-weiß-rotem Ambiente wird scharf gewürzte Sichuan-Küche serviert. Das „Huhn vom Dorf mit Seeschnecke" sowie die Tofukrabben sind sehr zu

empfehlen. Chilifreunde finden hier ihr Glück, ohne tief in die Tasche langen zu müssen. *Taojiang Lu 桃江路 47 | Tel. 021 64 37 93 61 | M 1, M 7 Changshu Road | www.pinchuan-china.com* | €€

Knackiges Gemüse im Yè Shanghai

SEAGULL SIGHTSEEING RESTAURANT
海鸥饭店 (135 E2) (*P5*)
Hinter dem Seagull Hotel steigt man hoch zur Terrasse am Fluss: Von dort aus haben Sie einen herrlichen Blick auf die Stadt sowie auf die Ozeandampfer und Seelenverkäufer auf dem Huangpu. *Huangpu Lu 黄埔路 60* | €

INSIDER TIPP **WORKSHOP NO. 9** 车间
(0) (*E12*)
Hier können Sie speisen wie die werktätigen Massen zu Maos Zeiten: in einer Kantine, mit Emaillegeschirr, die Kellner sind in Arbeitsmontur gekleidet. *Am Bus Terminal nahe Gate 7 | Tianyaoqiao Lu 天钥桥路 666 | Tel. 021 64 26 67 67 | M 4 Shanghai Stadium* | €

INSIDER TIPP **XIANG ZHANG GARDEN**
香樟花园时尚厨房
(132 B4) (*G8*)
Shanghai-Küche in edlem Ambiente: Man sitzt komfortabel in dem modernen Bau mit Blick durch die hohen Glasscheiben auf die geschäftige Hengshan Lu. Probieren Sie *Soyed pork with sticky rice* und *Thai Pomelo Salad! Hengshan Lu 衡山路 2 | Tel. 021 64 33 43 85 | M 1 Hengshan Lu* | €€

YÈ SHANGHAI 夜上海 ★
(134 A5) (*L8*)
Erfinderische Shanghai-Küche mit Blick in steinerne Gassen, oben ist es offen und modern. Empfehlenswert: geschmorte Garnelen in Chilisauce, frittiertes Rinderfilet mit Pilzen und die Gänseleber. *Huangpi Nanlu 黄陂南路 338 | Xintiandi 新天地 | Tel. 021 63 11 23 23 | M 1 Huangpi Road South* | €€

THE YONGFOO ÉLITE 雍福会
(132 A4) (*G8*)
Die Villa ist eine Hommage an Shanghais kosmopolitische Kultur zu Beginn des 20. Jhs.: Dunkles Mahagoni, altes Leder und chinesisches Porzellan glänzen im Licht der Kronleuchter. Traditionelle Shanghai-Küche. Schön für eine nostalgische Teestunde mit Gartenblick. *Yongfu Lu 永福路 200 | Tel. 021 54 66 27 27 | www.yongfooelite.com* | €€€

KÜCHE ANDERER LÄNDER

INDIAN KITCHEN 印度小厨 (0) (*O*)
Hier gibt's frischen Gurkensalat, duftendes Curry und knuspriges Naan-Brot zu günstigen Preisen. *Minsheng Lu 民生路 480 (Nähe Zhangyang Lu) | M 2 Dongchang Road* | €

KATHLEEN'S 5 (134 A2) (*M6*)
Kontinental speisen mit Blick auf den Volksplatz: Auf der Dachterrasse zeigt die Turmuhr des ehemaligen Clubhauses der Pferderennbahn an, wann es Zeit ist, das Menü für einen Besuch des Grand Theatre nebenan zu unterbrechen. Beim Dessert wird dann über die Aufführung diskutiert. Lunch Mo–Fr ab 140 Yuan. *Art Museum* 上海美术馆 | *Nanjing Xilu* 南京西路 *325* | *Tel. 021 63 27 22 21* | *www.kathleens5.com.cn* | *M 1, M 2, M 8 People's Square* | €€

INSIDER TIPP ORIGIN
(133 E6) (*K9*)
Frischer Salat auf kleinem Balkon, feine Ökogerichte, freundlich serviert in ruhigen Räumen im quirligen Szeneviertel. *Jianguo Zhonglu* 建国中路 *155* | *erreichbar auch über Taikang Lu* 泰康路 *274* | *www.originsh.com* | *Tel. 021 51 72 13 00* | *M 9, M 12 Dapuqiao* | €€

PAULANER BRAUHAUS 宝莱纳餐厅
Wen es nach einem deutschen Tellergericht verlangt, der landet hier. Das selbst gebraute Bier ist unübertroffen gut und teuer, süß sind die chinesischen Kellnerinnen im Dirndl. *Fenyang Lu* 汾阳路 *150* | *Tel. 021 64 74 57 00* (132 E4) (*H8*); *Riverside Promenade Pudong (Binjiang Dadao)* 滨江大道 | *Tel. 021 68 88 39 35* (135 B4) (*P7*) | *www.paulaner-brauhaus.com* | €€€

SHINTORI NULL II 新都里无二
(132 C2) (*H6*)
Essen wie im Science-Fiction-Film – nur, dass im puristischen Industriedesign des Edeljapaners keine Pillen serviert werden, sondern elegant angerichtete Delikatessen. *Julu Lu* 巨鹿路 *803 (kein Hinweis auf die Hausnummer, folgen Sie dem Bambuspfad)* | *Tel. 021 54 04 52 52* | *M 2, M 7 Jing'an Temple* | €€€

SIMPLY THAI 天泰餐厅
Farbenprächtig, aber minimalistisch gestaltet, lockt das Restaurant mit dem Aroma der Thai-Küche. Göttlich scharf ist die Kokossuppe mit Champignons, Huhn und Zitronengras. *Dongping Lu* 东平路 *5 C* | *Tel. 021 64 45 95 51* (132 B4) (*H8*); *Madang Lu* 马当路*/Ecke Xingye Lu* 兴业路 *(Xintiandi* 新天地*)* | *Tel. 021 63 26 20 88* (133 F4) (*L8*) | *www.simplythai-sh.com* | €€

INSIDER TIPP WAGAS
(132 C3) (*H7*)
Die lokale Kette in Puxi und Pudong füttert die kosmopolitische, gesundheitsbewusste Schickeria der Stadt: mit köstlichen Wraps und Sandwiches, französischen Croissants, exzellentem Kaffee und coolen Smoothies. *Donghu Lu* 东湖路 *7* | *M 1, M 10, M 12 Shanxi Road South* | €€

LOW BUDG€T

▶ Gerichte aus Hangzhou, gut und günstig, gibt's im *The Grandma's*. Warten auf einen Tisch lohnt sich, hier wird man für ca. 30 Yuan satt! *Xizang Beilu 166, Joy City 8/F* | *M 8, M 13 Qufu Lu* **(0)** (***M4***)

▶ *La Casbah* ist ein netter, kleiner marokkanischer Pizza-Pasta-Sandwich-Laden (je um die 30 Yuan). Guter Cappuccino und leckerer Käsekuchen. *Huaihai Zhonglu 155* | *M 10 Shanghai Library* **(132 A4)** (***G8***)

▶ Wunderschön und köstlich: Bei *Simply Thai* kann man montags von 17 bis 19 Uhr zum halben Preis speisen. Ab 60 Yuan pro Person, Reservierung vor 17 Uhr erforderlich.

EINKAUFEN

WOHIN ZUERST?

In den Kolonialbauten am **Bund** haben die weltweiten Luxusmarken Quartier bezogen. Hier und im luxuriösen Kaufhaus Plaza 66 in der westlichen **Nanjing Lu** verlieren sich die Käufer vor den edlen Auslagen. Hochpreisig sind auch die Geschäfte im Nobelviertel **Xintiandi.** Dort drängen sich oft die Touristen, ebenso wie in der angesagten **Taikang Lu** oder im **Yuyuan-Basar,** der auf traditionelle Souvenirs spezialisiert ist. Günstig kauft man auf den Kleider- und Stoffmärkten und in der **Hongqiao International Pearl City**, wenn man gut handeln kann.

Made in China, das ist ein Garant für Kitsch, der fast schon Kultstatus hat. Shanghai ist ein Einkaufsparadies für alle, die gern billig und bunt einkaufen. Doch mit wachsender Kaufkraft entsteht auch hier ein neuer Absatzmarkt für hochwertige Produkte. Chinesische Hersteller produzieren zunehmend qualitätvolle Waren und überraschen mit innovativem Design: „Made in China" entwickelt sich zum Gütesiegel. Während importierte Luxuswaren teurer als in Europa sind, lohnt sich der Kauf chinesischer Waren im mittleren und gehobenen Preissegment, vor allem bei Sportbekleidung und -artikeln. Man kann handgefertigte Kleidung und kunstgewerbliche Arbeiten wie Schmuck, Stickereien oder Schnitzereien preisgünstig

Kaufrausch in der Megacity: Alles, was man eigentlich nicht braucht – und manches, wovon man schon immer geträumt hat

erwerben und sich den Traum von Kaschmir, Seide und Perlen erfüllen.
Entspannt durch die Gassen der Taikang Lu bummeln und dabei ein apartes Mitbringsel entdecken ist ein Vergnügen. Eine ausgezeichnete Adresse für ernsthafte Souvenirsuche ist das Schmuckkaufhaus Hongqiao International Pearl City – obwohl allein das Sichten des Angebots viel Zeit kostet. Wer den Körperkontakt mit anderen Kauflustigen scheut, sollte am Wochenende den Yuyuan-Basar und die Kleidermärkte meiden. Im noblen Viertel Xintiandi geht es ruhiger zu. Auch wenn man hier nichts kauft, sollte man wenigstens die schönen Dinge in den Schaufenstern anschauen gehen!
In den großen Kaufhäusern zahlt man in der Regel reelle Preise. In Kaufhäusern und Supermärkten sind die Waren ausgezeichnet, aber auf Märkten und in einfachen Geschäften gehört das Aushandeln des Preises dazu. Meist bietet man 40 bis 50 Prozent des verlangten Preises, um sich dann auf 60 bis 70 Prozent der ursprünglichen Forderung zu

einigen. Im Yuyuan-Basar kann man sogar bis auf 30 Prozent der erstgenannten Summe herunterhandeln. Untersuchen Sie die Ware vor dem Kauf auf Fehler. Auf

Der größte Shoppingtempel Chinas: die Super Brand Mall im Stadtteil Pudong

den Märkten gilt: Gekauft ist gekauft. Beim Handeln ist es immer gut, ein Vergleichsangebot zu kennen. Bleiben Sie stets freundlich, und zeigen Sie nie zu viel Interesse an einer Ware. Wenn ein Händler Ihr Angebot annimmt, gilt der Handel. Darum nennen Sie nie einen Preis, den Sie nicht bezahlen wollen. Bedenken Sie aber auch: Nicht jeder Händler steigt zu völlig überhöhten Preisen ein. Und wenn jemand selbst gefertigte Kleinigkeiten für wenige Yuan anbietet, dann sollten Sie nicht handeln.

Einkaufen kann man jeden Tag von 8 oder 10 Uhr bis 21 oder 22 Uhr. Staatliche Läden schließen meist schon um 18 Uhr.

ANTIQUITÄTEN & TRÖDEL

DONGTAI LU ANTIKMARKT
东台路古玩市场 ★
(134 A5) (*M8*)

Alte oder künstlich gealterte Keramik, Stickereien, Holzschnitzereien, Uhren, Jade und Mao-Memorabilien werden hier in Buden entlang der Straße angeboten. *Dongtai Lu* 东台路*/Ecke Liuhekou Lu* 浏河口路 | *M 8 Laoximen*

FANGBANG LU ANTIKMARKT
方浜路藏宝楼 (134 C5) (*N8*)

Das vierstöckige Gebäude beherbergt die Trödlerzunft. Oben unter dem Dach breiten nur am Wochenende INSIDER TIPP die Händler vom Land ihre Schätze aus. Wer früh kommt, Fälschungen erkennen und gut handeln kann, kann hier ein Schnäppchen machen. *Fangbang Zhonglu* 方浜中路 *457* | *M 10 Yu Garden*

BÜCHER

FOREIGN LANGUAGES BOOKSTORE
外文书店 (134 C3) (*N6*)

Der Buchladen führt eine große Auswahl an englischen Titeln zu China und Shanghai. *Fuzhou Lu* 福州路 *390*

GARDEN BOOKS 韬奋西文书局
(133 D3) (*J7*)

Bücher und Romane über China und Shanghai, Zeitungen und Magazine, Café mit leckerem Eis. *Changle Lu* 长乐路

325 | www.gardenbooks.cn | M1, M10, M12 Shanxi Road South

ELEKTRONISCHE GERÄTE

HONGKONG PLAZA 香港广场
(133 F3) *(🕮 L7)*
Elektronikkaufhaus mit kleinen Geschäften, die alle großen, aber auch preisgünstige lokale Marken führen. *Huaihai Zhonglu 淮海中路 282 | M1 Huangpi Road South*

GALERIEN

M 50 – MOGANSHAN LU
M 50 创意园 ★ ● (0) *(🕮 K2)*
Die neue Künstlergeneration ist wie die alte handwerklich hervorragend ausgebildet, aber frei im Geist. Das Ergebnis ist eine Eruption künstlerischer Energie, die die Welt erstaunen lässt. In alten Fabriken und Lagerhäusern am Suzhou Creek haben die Künstler Platz und Freiheit zum Experimentieren gefunden. Im mittlerweile etablierten Kunstviertel wird auch viel Mittelmäßiges angeboten. Konzentrieren Sie sich daher auf die Galerien *Eastlink (Bldg. 6, 5/F | www.eastlinkgallery.cn), Islands 6 (Bldg. 6, 2/F | www.islands6.org.), BizArt (Bldg. 7, 4/F | www.arthubasia.org)* und *Art Scene Warehouse (Bldg.4, 2/F | www.artscenewarehouse.com).* Die meisten Galerien öffnen um 10 Uhr, haben aber montags geschlossen. Stärken können Sie sich mit Dumplings in der INSIDER TIPP *Bandu Cabin*. Einmal im Monat samstags gibt es hier kleine Livekonzerte *(Block 11 | www.bandumusic.com). Moganshan Lu 莫干山路 50 | Nähe Changhua Lu | www.m50.com.cn*

SHANGHART GALLERY 香格纳画廊
(0) *(🕮 K2)*
Der Schweizer Kunstkenner Lorenz Helbig war 1996 der erste ausländische Galerist in Shanghai, der – in ganz bescheidenem Rahmen – moderne chinesische Kunst ausstellte. Er residiert heute in der Moganshan Lu, seine Galerie ist jeden Tag von 10 bis 18 Uhr geöffnet. *Moganshan Lu 莫干山路 50, Bldg. 16 und 18 | www.shanghartgallery.com*

KAUFHÄUSER

Große Kaufhäuser mit breit gefächertem chinesischem und ausländischem Sortiment gibt es in der Nanjing Lu – beispielsweise den *Department Store No. 1 (Nr. 830 | M1, M2, M8 People's Square)* (134 B2) *(🕮 M5)* oder das luxuriöse *Plaza 66 (Nr. 1266 | M2 Nanjing Road West)* (134 B2) *(🕮 J5)* –, außerdem an der Huaihai Lu *(M1, Bus 911)* (132–133 A–F 3–4) *(🕮 J–N7)* und am Xujiahui *(M1)* (0) *(🕮 E10).*
In Pudong auf der anderen Seite des Huangpu-Flusses finden Sie das größte Shoppingzentrum des Landes, die *Super Brand Mall (Lujiazui Xilu 168 | M2 Lujiazui)* (135 E3) *(🕮 P6).*

MARCO POLO HIGHLIGHTS

★ **Dongtai Lu Antikmarkt**
Die Faszination des Stöberns und Feilschens → S. 68

★ **M 50 – Moganshan Lu**
Neue Kunst in alten Fabriken und Lagerhäusern → S. 69

★ **Taikang Lu**
Das besondere Geschenk in schönen kleinen Läden finden → S. 72

★ **Yuyuan-Basar**
Seidentücher, Drachen und Gongs: der ultimative Kick für Einkaufsfreaks → S. 73

KOSMETIK

FRANGIPANI – NAIL BAR

(132 B4) (🕮 G8)
Souvenir für die weibliche Seele: Freuen Sie sich über Ihre lackierten Fingernägel (ab 105 Yuan) und Nagellack in allen Farbschattierungen des Regenbogens. *Fuxing Xilu 复兴西路 76 | M1 Changshu Road*

Rot bringt Glück: farbenprächtige Grußkarten in der Fuzhou Lu

MALEREI- & KALLIGRAFIEBEDARF

Handwerkszeug zum Malen und Zeichnen sowie Kalligrafiebedarf bekommt man in der *Fuzhou Lu* (134 C3) (🕮 N6), beispielsweise im Laden *Nr. 331* oder im Schreibwarenkaufhaus *(Nr. 355)*. Der Himmel für Maler: INSIDER TIPP Je höher das Stockwerk, desto günstiger sind Farben und Pinsel.

MODE & STOFFE

Trendige Klamotten gibt es in den Boutiquen rund um die Huaihai Lu (133 D3–4) (🕮 J7–8): in der Shaanxi Nanlu, der Nanchang Lu, der Maoming Lu und der Changle Lu. Junges, authentisches Fashiondesign sieht man in der *Xinle Lu*. Angesagte Läden mit Mode, Kleinkunst und -kram gibt es auch in der *Jinxian Lu:* Warum nicht die spektakuläre Shanghaier Straßenmode mit einer Lochkamera von *Lomography (Nr. 126)* dokumentieren?

Den *qipao*, das hochgeschlossene, geschlitzte Seidenkleid, und Jacken im tangzeitlichen Stil gibt es in Kaufhäusern, am Yu Yuan oder in der *Maoming Nanlu* (133 D3) (🕮 J7) (ab Nanchang Lu nordwärts; von dort dann links in die Changle Lu, bis Shaanxi Lu). Die Läden sind teurer, bieten aber besonders schöne Stücke und einen Nähservice an, z. B. *Changle Lu Lane 201 (M1, M10, M12 Shanxi Road South)*.

FENSHINE FASHION ACCESSORIES PLAZA 淘宝城凤翔服饰礼品广场

Gefälschte Designerkleidung, Lederwaren und Uhren werden unterm Tisch verkauft, außerdem alles, was in China modisch ist, sowie Seidenwaren und Souvenirs. Meiden Sie möglichst das Gedränge am Wochenende. *Nanjing Xilu 南京西路 580 | M1, M2, M8 People's Square* (134 A2) (🕮 L6) *und der unterirdische Markt an der Metrostation Science and Technology Museum* (0) (🕮 0)

INSIDER TIPP INSH (133 E6) (🕮 K9)

Das Modelabel steht für *In Shanghai* und fängt den Esprit der Metropole in grafisch gestalteten T-Shirts für Männer und Frauen, farbstarken Kleidern und Accessoires wie Mützen und Handtaschen ein. Die Designerin Helen Lee setzt dabei auf moderne, gut verkäufliche Motive, bestickt aber auch Militärmäntel mit folkloristisch bunten Blumen und schneidert flatterhafte Kleider. *Taikang Lu* 泰康路 *Lane* 弄 *210 Nr. 3 International Artist Factory, 2/F; auch Fumin Lu* 富民路 *172* (132 C3) *(H7)* | *www.insh.com.cn*

MARY CHING (0) *(F8)*
Ob Skyscraper-Stilettos oder Leopardenprint-Wedges – die junge Schuhdesignerin Alison Yeung fertigt traumhaft schöne Schuhe – leider auch sündhaft teuer. *Wukang Lu* 武康路 *374–376 (Nähe Hunan Lu)* | *www.marychingshanghai.com* | *M 10 Shanghai Library*

STAR PLACE (132 C3) *(J7)*
An langen Stangen hängen hier flippige, bunte Klamotten – und kosten nicht viel! *Xinle Lu* 新乐路 *66*

SHANGHAI TANG 上海滩
Chinesisches Luxuslabel für klassisch-elegante Kleidung, Accessoires und Wohndesign, leider teuer. *Maoming Nanlu* 茂名南路 *59* (133 D3) *(J7) und Taicang Lu* 太仓路 *Lane* 弄 *181 Nr. 15* | *Xintiandi* (134 A5) *(L8)* | *www.shanghaitang.com*

STOFFMARKT (139 D3) *(O10)*
Hier gibt es Stoffe auf drei Etagen und günstige Preise, wenn man gut handeln kann. Fertige Musterstücke erleichtern die Auswahl. Untersuchen Sie die Stoffe vor dem Kauf auf Fehler. Im Erdgeschoss werden Fertigwaren angeboten. *Lujiabang Lu* 陆家浜路 *399/Nancang Lu* | *M 4 Nanpu Bridge*

INSIDER TIPP **YAMADO** (133 E6) *(K9)*
Jagdtaschen für Indianer: Yamado fertigt Beutel und Taschen aus Naturmaterialien wie Leder, Fell und Federn und prägt einen archaisch anmutenden Kult. Ein Traum nicht nur für Pocahontas! *Taikang Lu* 泰康路 *252* | *M 9, M 12 Dapuqiao*

MUSIK

Klingendes Souvenir: Fachgeschäfte für Musikinstrumente sowie gute CD-Läden finden Sie in der *Fenyang Lu* (132 C4) *(H8)* am Musikkonservatorium *(Nr. 8)*. Der *Violin Shop (Nr. 9)* ist spezialisiert auf Geigenbau.

OPTIKER

Brillen und Kontaktlinsen sind günstig und werden in zahlreichen Geschäften

LOW BUDG€T

▶ *Decathlon Shanghai Factory Outlet Store:* ein französischer Hersteller mit riesigem Angebot an funktionaler Bekleidung, Sport- und Campingartikeln – gute Qualität zu günstigen Preisen. *Yinxiao Lu 393* **(0)** *(0)* | *gegenüber M 2, M 7 Longyang Road; u. a. auch in der Xianxia Xilu 88* **(0)** *(0)* | *M 2 Beixinjing* | *www.decathlon.com.cn*

▶ Handgefertigte Dinge, die kaum etwas kosten, aber keine Fabrikprodukte sind: Hübschen Schmuck wie filigrane Perlenketten finden Sie in der *Hongqiao International Pearl City* und im *Yuyuan-Basar.* Ein leichtgewichtiges Souvenir sind handbemalte Papierdrachen. Bei fliegenden Händlern bekommen Sie aus Strohhalmen kunstvoll gearbeitete Anhänger, die Glück bringen sollen und sich auch wunderbar als Christbaumschmuck eignen.

verkauft. Die Ladenketten *Paris Miki* und *American Eyes* findet man in Kaufhäusern, z. B. im *Grand Gateway* am Xujiahui (0) (*M E10*).

PERLEN & JADE

Jade und Perlen werden im *Yuyuan-Basar* (134–135 C–D 4–5) (*M O7–8*) angeboten, beispielsweise im Schmuckkaufhaus in der *Fuyou Lu 288*.

HONGQIAO INTERNATIONAL PEARL CITY 虹桥国际珍珠城
(0) (*M 0*)

Preziosen, modische Kinkerlitzchen und viele Souvenirs. Ein großes Angebot an Perlen finden Sie im 2. Stock, empfehlenswert sind *Ling Ling (Nr. 2001) und Susie's Pearl & Jewelry (Nr. 2010)*. Schräg gegenüber kann man sich in der *Hongmei Food Street* stärken. *Hongmei Lu* 虹梅路 *3721/Ecke Hongqiao Lu* 虹桥路 | *M 10 Longxi Road*

SOUVENIRS

NEST 巢 (133 E6) (*M K9*)

Umweltfreundlich und sozialverträglich produzierte Waren aus natürlichen, nachhaltigen oder recycelten Materialien, die Mensch und Haus schmücken. Neben Taschen, Tassen und Tischsets gibt es hier auch pfiffige, zeitlose Damen- und Kindermode aus organisch angebauter Baumwolle: Das kreative Label **INSIDER TIPP** *Finch* arbeitet mit einem Künstlerkollektiv zusammen und produziert karbonneutral in China. *Taikang Lu* 泰康路 *Lane* 弄 *210 Bldg. 3, International Artist Factory, 2/F | M 9 Dapuqiao*

TAIKANG LU 泰康路 ★
(133 E6) (*M K9*)

Künstler, Galeristen und Designer waren die Ersten, die hier vor Jahren heruntergekommene Häuser und Fabriken zu ihren Wohn- und Arbeitsstätten erklärten. Bohemecafés und Boutiquen folgten. Die

Trend hin oder her, auf den Stil kommt es an: Boutique im Szeneviertel Xintiandi

Lanes (Quergassen) 210, 248 und 274 bilden heute unter dem Namen *Tianzifang* eines der lebendigsten Viertel der Stadt. In unzähligen kleinen Läden kann man nach ausgefallenen Mitbringseln stöbern. Galerien wie die des bekannten Shanghaier Fotografen Deke Erh *(Lane 210 Nr. 2)* bieten Kunst- und Kulturgenuss. Für Müßiggang oder eine Unterbrechung des Bummels sorgen Restaurants (z. B. *Origin, S. 65*) und Cafés, wie beispielsweise das *Kommune Café (Lane 210 Nr. 7)* INSIDER TIPP mit den größten Kakaotassen der Stadt. *M 9, M 12 Dapuqiao*

XINTIANDI 新天地 (133 F4) *(🕮 L8)*
In dem Trendviertel gibt es exklusive Geschäfte mit modernen asiatischen Designerwaren. Vieles ist abgekupfert, manches originär kreativ wie in der *Shanghai Trio Boutique (Taicang Lu 181 | www.shanghaitrio.com)*. Bei *Decoster Living (Xingye Lu Lane 123 Nr. 6, 2/F)* wird das traditionelle chinesische Porzellanblau neu interpretiert: Hier schmückt es Heimtextilien, Geschirr und allerlei Utensilien. An der Luxusmode von *Shanghai Tang (S. 71)* und *Annabel Lee (Taicang Lu Lane 181 Nr. 3)* geht man ebenfalls nicht vorbei, ohne einen Blick zu riskieren. *M 1 Huangpi Road South oder M 10, M 13 Xintiandi*

URBAN TRIBE 城市山民
(132 A4) *(🕮 G7)*
Steingraue Leinengewänder und schlichte Schmuckgegenstände, Kerzen und irdene Töpfe erinnern an Handwerkermärkte. In der gehobenen Shanghaier Gesellschaft, die genug hat von lauten Tönen, schrillen Farben, verspielten Rüschen und falschgoldenem Geglitzer, ist das ein exklusiver Trend: Sich auf das Wesentliche besinnen. Beeindruckend sind das puristische Ambiente der Boutique, die auch als Fotogalerie dient, und INSIDER TIPP der ruhige kleine Teegarten, in dem exquisiter Tee serviert wird. *Fuxing Xilu* 复兴西路 *133 | M 10 Shanghai Library; auch Taikang Lu* 泰康路 *Lane 248 Nr. 14* (133 E6) *(🕮 K9) | www.urbantribe.cn*

YUYUAN-BASAR 豫园商业街 ★ ●
(134–135 C–D 4–5) *(🕮 O7–8)*
Rund um den Stadtgotttempel und den Yu Yuan brummt das historische Geschäftszentrum der Altstadt – ein weites Feld für alle, die sich aufs Handeln verstehen. Kitsch und allerlei Kram gibt's in der *Chenxiangge Lu* und im *Fumin-Kaufhaus (Fuyou Lu/Ecke Anren Jie)*. In der *Fangbang Lu* geht der Trend zum Kunsthandwerk. Das herrliche Sammelsurium erleichtert die Geldbörse und macht das Herz froh! Passionierte Souvenirjäger lieben das Gedränge in den Gassen und das Feilschen um Seidentücher, Jadeschmuck, in Brokat gewandete Bücher und Drachen aus Holz, Stein und Papier. Tönerne Pfeifen, Flöten und die Gongs aus gehämmertem Metall ziehen besonders Männer an; sie werden das Fluggepäck beschweren. Ob da noch Platz ist für alte Stickereien, schöne Holzarbeiten oder formschönes Teegeschirr aus der Fangbang Lu? *M 10 Yu Garden*

INSIDER TIPP **ZEN LIFESTORE**
钲家具艺廊 (132 B5) *(🕮 H8)*
Schöne, funktionale, handwerklich gut gearbeitete Dinge chinesischer Designer wie Holzkästchen, Lampen, bemaltes Porzellan, Geschenke aus Stoff und feine Düfte. Unterm Dach befindet sich ein entzückendes Café, in dem Tee aus biologischem Anbau ausgeschenkt wird. *Dongping Lu* 东平路 *7 | M 1 Changshu Road; auch im Xintiandi-Viertel: Xingye Lu* 兴业路 *118* (133 F4) *(🕮 L8) | M 1 Huangpi Road South oder M 10, M 13 Xintiandi | www.zenlifestore.com*

AM ABEND

WOHIN ZUERST?

Ein Platz zum Sehen und Gesehenwerden sind die **Cool Docks:** Ein kühles Bier am Springbrunnen im Zentrum der Anlage oder ein Sundowner am Sunny Beach, so kann ein langer Abend beginnen. Die flanierende Menge beobachten kann man auch im Szeneviertel **Xintiandi** bei einem Muntermacher-Espresso bei Starbucks oder einem Cocktail vor der Bar TSMK. Wer es mondäner mag, chillt am Jacuzzi auf der Terrasse der Vue Bar am **Bund.** Von dort aus bietet sich ein spektakulärer Blick auf den Huangpu und das moderne Pudong.

Nachts vibriert diese Stadt. Nur: Wohin soll man gehen? Auf ein Bier in eine Bar? Oder sich lieber sehen lassen in einer glamourösen Lounge am Bund?

Die Szene in Shanghai ist in ständiger Bewegung: Bars werden im Handumdrehen eröffnet, und manchmal verschwinden sie genauso schnell wieder. Den Finger am Puls des Nachtlebens haben das Magazin „That's" sowie *www.urbanatomy.com, www.cityweekend.com.cn* und *www.smartshanghai.com.*

Seitdem das einst heißeste Pflaster der Stadt, die Maoming Lu, abgekühlt ist, wird rund um die Hengshan Lu und im Fuxing-Park immer wilder gefeiert. Die Bars der Julu Lu sind bekannt wegen der hübschen, routiniert lächelnden Mädchen. Im Trend sind auch die Kneipen um

Bild: Maoming Nanlu

Hier wird die Nacht zum Tag: Shanghais Nightlife explodiert wie ein Feuerwerk – strahlend bunt und faszinierend

die Ecke in der Changshu Lu, Huashan Lu und Wulumuqi Lu. Biederer geht es in der Nanjing Xilu zu: Networking nach der Arbeit ist in der *Long Bar* im *Shanghai Centre (Nr. 1376)* angesagt. Um die Ecke im *Malone's (Tongren Lu 255)* erholen sich bevorzugt die Amerikaner von ihrem Auslandseinsatz. Das Bar- und Restaurantviertel Xintiandi ist der richtige Ort, um im Sommer draußen zu sitzen und die flanierende Menge zu begutachten. Entspannt beginnt eine Kneipentour in den Cool Docks *(Zhongshan Nanlu 505)* (139 E1) *(P9)*: Hier können Sie am ● INSIDER TIPP *Sunny Beach (hinter den Docks am Huangpu | Eintritt 20 Yuan)* einen Cocktail schlürfen und anschließend im Restaurant *Stiller's (S. 60)* eine feste Grundlage zu sich nehmen. Erschwinglicher sind Bier, Burger und Chickenwraps bei *Top Choice (Nr. 9 im Karree der Cool Docks, am Springbrunnen)*.

Das Zentrum der Rockmusik liegt zwar in Peking, aber in Shanghai lebt im House of Blues and Jazz und in anderen Clubs der Jazz wieder auf. In den Diskotheken

Ein Drink in der Glamour Bar entführt in das feudale Flair der 1930er-Jahre

und Clubs wird überwiegend Mainstream-Rap gemixt, ansonsten klingen Disco, House und Rhythm and Blues in den Ohren. International bekannte Rockgruppen, Stars und DJs zieht es nach Shanghai. Und immer mehr Theater und Konzerthallen bieten eine beeindruckende Plattform für Künstler aus aller Welt. Das nächtliche Vergnügen hat in Shanghai seinen Preis. Teure oder angesagte Lokale wie Bar Rouge und Muse verlangen eine *cover charge* pro Tisch: Man muss für 3000 bis 4000 Yuan konsumieren, wenn man sich dort niederlassen will. Auch Schlangestehen, Eintrittspreise und hier und dort lausigen Service muss man in Kauf nehmen. Es lohnt sich!

BARS, CLUBS, PUBS, LIVEMUSIK

BARBAROSSA LOUNGE ★
(134 A2) (*M6*)

Tausendundeine Nacht im Volkspark feiern: An lauen Sommerabenden kann man hier in einem dreistöckigen Holzpalast wunderschön über dem See sitzen, maghrebinische Gerichte genießen und Wasserpfeife schmauchen. *So–Do 11–2 Uhr, Fr, Sa 11–3 Uhr | Nanjing Xilu* 南京西路 *231 | im Volkspark* 人民公园 *| Tel. 021 63 18 02 20 | M1, M2, M8 People's Square*

BAR ROUGE (135 D2) (*O6*)

Rote Kronleuchter aus Murano versetzen die Schönen, Reichen und Aufstrebenden der Stadt in Champagnerlaune. Vom Dolce Vita betört, blickt man von der Terrasse auf den dunklen Strom und sieht die Schleppkähne und Dieselkutter ziehen. *Tgl. 18–1.30 Uhr | Zhongshan Dong Yilu* 中山东一路 *18, 7/F | www.bar-rouge-shanghai.com*

BLUE FROG 蓝蛙 (133 D4) (*J8*)

Hier gibt es kühles Bier und leckere Burger von 11 Uhr morgens bis spät in die Nacht. Die INSIDER TIPP *Fire Cracker Pasta* macht munter! *Maoming Nanlu* 茂名

南路 *207-6; auch Super Brand Mall* 正广场 (133 E3) *(ꟿ P6) und Hongmei Entertainment Street* 虹梅步行休闲街 (0) *(ꟿ 0)* | *www.bluefrog.com.cn*

CLOUD 9 九重天 (135 F4) *(ꟿ Q7)*
Die 360-Grad-Rundumsicht in einer der höchstgelegenen Lounges der Welt überzeugt. Die Preise sind extravagant. Lassen Sie einen Tisch am Fenster reservieren. *Tgl. ab 17 Uhr | Jin Mao Building, 87/F | Century Avenue (Shiji Dadao)* 世纪大道 *88 | Tel. 021 50 49 12 34 | M 2 Lujiazui*

INSIDER TIPP **CONSTELLATION BAR**
(132 C3) *(ꟿ J7)*
Eine kleine, ruhige Bar mit sorgfältig gemixten Drinks zu nicht überhöhten Preisen. Zu empfehlen ist der *Moscow Mule.* Beeindruckender ist das schnittige Interieur im *Constellation II. Tgl. 19–2 Uhr | Xinle Lu* 新乐路 *86 | M 2 Shanxi Road South; Constellation II: Yongjia Lu* 永嘉路 *33 | M 10 Shanxi Road South* (133 D5) *(ꟿ J8)*

COTTON'S 棉花 (132 A6) *(ꟿ G9)*
Romantische Villa in der Französischen Konzession, Restaurant mit Gartenbar. Leckere Pizza! *Tgl. 11–2 Uhr | Anting Lu* 安亭路 *132 | www.cottons-shanghai.com | M 1 Hengshan Road*

EDDY'S 嘉依咖啡厅 (0) *(ꟿ E8)*
Gute Schwulenbar, anno 1995 die erste in der Stadt. Zieht lokales und ausländisches Publikum von 20 bis 40 Jahren an. Früh am Abend ist es hier am nettesten. *Tgl. 20–2 Uhr | Huaihai Zhonglu* 淮海中路 *1877 | Nähe Tianping Lu | M 10 Shanghai Library*

GLAMOUR BAR 魅力酒吧
(135 D3) *(ꟿ O6)*
Feudal, 1930er-Jahre-Flair, fulminanter Ausblick. Dresscode: glamourös! Im März findet hier das internationale Shanghaier Literaturfestival mit englischsprachigen Lesungen statt. *Tgl. ab 17 Uhr | Guangdong Lu* 广东路 *5, 6/F | Ecke Bund* 中山东一路 | *www.m-theglamourbar.com | M 2 Nanjing Road East*

MARCO POLO HIGHLIGHTS

★ **Barbarossa Lounge**
Holzpalast und Wasserpfeife: Tausendundeine Nacht im sommerlichen Volkspark genießen → S. 76

★ **House of Blues and Jazz**
Eine Shanghaier Institution für gute Musik und entspannte Abende → S. 78

★ **Yu Yin Tang**
Underground-Music made in China → S. 80

★ **Grand Theatre**
Internationale Gastspiele im Lichterpalast → S. 80

★ **Long Bar im Waldorf Astoria**
Beliebt, gemütlich und sehr gediegen – eine Bar, konzentriert auf das Wesentliche: den Tresen → S. 78

★ **Vue Bar**
Ausblick mit Komfort: Den Tag grandios, aber ganz gechillt ausklingen lassen → S. 79

★ **Shanghai Oriental Art Centre**
Umwerfende Architektur zusammen mit hervorragender Akustik ergibt hier Musik für Augen und Ohren → S. 81

HOUSE OF BLUES AND JAZZ ★ 布鲁斯与爵士之屋 (135 D3) (*🕮 O6*)
Udo Lindenbergs Shanghaier Stammkneipe: Einer der besten, rauchigsten Clubs der Stadt, mit guter Musik und viel Atmosphäre. *Di–So 19–2 Uhr, Livemusik ab 21.30 Uhr | Fuzhou Lu 福州路 60 | M 2 Nanjing Road East*

Der Ferne Osten swingt im House of Blues and Jazz – jede Menge Atmosphäre inklusive

JADE ON 36 翡翠36酒吧
(135 E4) (*🕮 P7*)
Glamourös-plüschige Restaurantbar mit einer himmlischen INSIDER TIPP Aussicht auf den Bund, die den Herzschlag erhöht. *So–Do 17–22 Uhr, Fr, Sa 17–2 Uhr | Fucheng Lu 富城路 33 | Turm 2 des Hotels Pudong Shangri-La 浦东香格里拉大酒店, 36/F | www.shangri-la.com | M 2 Lujiazui*

JAZZ BAR IM PEACE HOTEL
(135 D2) (*🕮 O6*)
In den Zeiten vor und nach Mao war die altenglisch-rustikale Bar berühmt für guten Jazz, guten Whisky und gute Zigarren. Auch heute trifft man(n) sich hier wieder, z. B. um guten Jazz zu hören. Der junge Startrompeter und kosmopolitische Komponist INSIDER TIPP Theo Croker und sein Sextett spielen Nu Jazz (Di–Sa 21.30–0.30 Uhr). Croker mischt den Sound des Mississippi mit den Klängen des Himalaja. Oder man lauscht der Veteranenband, die den Jazz der 1930er-Jahre wieder aufleben lässt (tgl. 18.30–21.30 Uhr). *Fairmont Peace Hotel 和平饭店 | Nanjing Donglu 南京东路 20 | M 2 Nanjing Road East*

LONG BAR 廊吧
IM WALDORF ASTORIA ★
(135 D3) (*🕮 O7*)
Sehr männlich, sehr gediegen und sehr eindrucksvoll ist der 34 m lange, glänzende Tresen aus Mahagoni, sehr gemütlich sind die ledernen Barhocker – darum nicht nur für alte Herren ein beliebter

Treff auch tagsüber. Von 11 bis 13 Uhr kann man hier Austern schlemmen, von 21.45 bis 0.30 Uhr gibt's Livemusik. *Mo–Sa | Waldorf Astoria 华尔道夫会所 | Zhongshan Dong Yilu 中山东一路 2*

NEW HEIGHTS 新视角

(135 D3) (*06*)

Auf unspektakuläre Weise einfach schön gestaltet, mit wunderbarem Blick auf den Fluss und die Skyline von Pudong: Wem die Bar Rouge zu snobistisch ist, der genießt hier die feine Lebensart. *Tgl. 11.30–1 Uhr | Zhongshan Dong Yilu 中山东一路 3, 7/F | Three on the Bund | www.threeonthebund.com*

O'MALLEY'S IRISH PUB 欧玛莉餐厅

(132 B4) (*H8*)

Guinnessgarten und Musikkneipe, um Darts zu spielen, Sport zu gucken und am Kamin zu sitzen. *Mo–Sa 11–1.30 Uhr, So 13–1 Uhr | Taojiang Lu 桃江路 42 | www.omalley-shanghai.com | M 1, M 7 Changshu Lu*

SASHA'S 萨莎 (132 B4) (*G8*)

Die Villa wurde in den 1920er-Jahren von der mächtigen Song-Familie erbaut, hier lebte Chiang Kai-shek. Heute gut für Leute über 30, die ein gepflegtes Bier trinken wollen. Famos im Sommer. *So–Do 11–1 Uhr, Fr, Sa 11–2 Uhr | Dongping Lu 东平路 9*

VUE BAR 非常时髦 ★

(135 E1) (*P5*)

Eine komfortable Bar mit Terrasse zum Chillen – mit den Füßen im kühlenden Jacuzzi oder, im Winter, dicht am wärmenden Feuer. Klasse Ausblick auf den Bund und auf Pudong. Wenn das Wetter schön ist, kann man es sich auf Tagesbetten bequem machen. *Tgl. 17–1 Uhr | Hyatt on the Bund, 32–33/F | Huangpu Lu 黄浦路 199*

CLUBS ZUM TANZEN & DISKOTHEKEN

INSIDER TIPP M1NT

(135 D3) (*O6*)

Total angesagter, ziemlich großartiger Club, hier feiert die sogenannte oder selbst ernannte Elite Shanghais. Wenn internationale Star-DJs nach Shanghai kommen, dann legen sie hier auf. Beste Cocktails, schöne Terrasse. *Mo–Sa ab 18 Uhr | Fuzhou Lu 福州路 318, 24/F | www.m1nt.com | M 2 Nanjing Road East*

INSIDER TIPP MURAL 摩砚

(132 A5) (*G9*)

Buddhistisch angehauchte Taverne, in der alles gut ist: die Musik (samstags

LOW BUDG€T

▶ Im Globetrottertreff *Captain's Bar* lässt sich gut ankern, günstig tanken und Händchen halten mit Blick auf die Lichter von Pudong. *Tgl. 11–2 Uhr | Fuzhou Lu 37, 6/F | M 2 Nanjing Road East* **(135 D3) (*O6*)**

▶ Feiern wie in Mexiko: Im *Zapata's* ist am Mittwoch mit „Free flow of magaritas for all the ladies" bis Mitternacht der Bär los – das Volk tanzt auf der Theke zu Musik aus den 1980er-Jahren. *Tgl. ab 17 Uhr | Hengshan Lu 5* **(132 B4) (*G8*)**

▶ Das *Shanghai Symphony Orchestra* zeigt jeden Freitag um 19.30 Uhr bei einer Probe sein Können. *Eintritt 20 Yuan | Hunan Lu 105 (Nähe Wukang Lu) | Tel. 021 64 33 35 74 | www.sh-symphony.com | M 10 Shanghai Library* **(0) (*F8*)**

Latin-Liveband), die Drinks *(Kamikaze Shot)*, die Preise (freitags Open Bar: „All you can drink" für 100 Yuan), das Publikum (jung und bunt). *Tgl. 19–3 Uhr | Yongjia Lu 永嘉路 697 | www.muralbar.com | M 1 Hengshan Lu*

MUSE 缪斯 (0) *(Ⓜ H4)*
Zum neuen abendlichen Hotspot entwickeln sich die New Factories, und das Muse gilt als der heißeste Club der Stadt. Auf zwei Stockwerken wird getanzt: zu House unten und zu Hip-Hop oben. *Tgl. 20.30–4.30 Uhr | Yuyao Lu 余姚路 68 (Nähe Haifang Lu) | www.museshanghai.cn | M 7 Changping Road (südl. Jing'an Temple)*

MUSE AT PARK 97 (133 E4) *(Ⓜ K8)*
Gehört auch zum abendlichen Muse-Imperium: der modern designte, zweistöckige Tanzclub im Fuxing-Park mit DJs, die Hip-Hop-, House- und Electro-Nights absolut toll mixen. *Tgl. 20–2 Uhr, Fr/Sa länger | Gaolan Lu 皋兰路 2a | www.museshanghai.cn/en-us*

PARAMOUNT 百乐门
(132 B1) *(Ⓜ G6)*
Glitzernder Art-déco-Tanzpalast, der in den 1930er-Jahren Shanghais größter Nachtclub war. Wer keinen Partner hat, kann sich für 300 Yuan pro Abend von einem „Taxi Dancer" zu Livemusik übers Parkett schieben lassen. *Tgl. 13–16.30 und 20.30–1 Uhr | Yuyuan Lu 愚园路 218 | M 2 Jing'an Temple*

INSIDER TIPP **THE SHELTER**
(132 A4) *(Ⓜ G8)*
Underground-Music im Luftschutzbunker: Dunkel, laut, gut ist dieser Ort zum wilden Tanzen. Lokale und internationale Independent-Musiker und DJs spielen Reggae, IDM, Drum'n'Bass, Electro, Hip-Hop. Sehr günstige Drinks gibt's hier auch. *Mi–Sa 19.30–2 Uhr | Yongfu Lu 永福路 5 (Nähe Fuxing Lu) | M 10 Shanghai Library*

YU YIN TANG 育音堂 ★ (0) *(Ⓜ C6)*
Independent, Indie und Hardcore-Rock: Das Gründungskollektiv des alternativen Clubs gehört zu den Vorreitern der Underground-Music-Szene in China. Checken Sie das Programm auf *www.yuyintang.org.* Zivile Preise. *Di–So 21–2 Uhr | Kaixuan Lu 凯旋路 851 | hinter der Metrostation | M 3, M 4 Yan'an West Road*

THEATER, KONZERTE & AKROBATIK

Theater- und Konzertkarten sind an den Abendkassen erhältlich. Ticketpreise starten bei 50–80 Yuan und gehen hoch bis auf 600–1680 Yuan. Es empfiehlt sich, Tickets im Vorverkauf zu erwerben (Service gibt's in vielen Hotels) oder online zu buchen. Veranstaltungshinweise und Karten erhalten Sie unter *www.culture.sh.cn* oder im *Shanghai Cultural Information Centre (Fengxian Lu 272 | Tel. 021 62 17 24 26 | M 2 Nanjing Road West)* (133 E1) *(Ⓜ K5)*.

GRAND THEATRE 上海大剧院 ★
(134 A3) *(Ⓜ L–M6)*
Konzerte, Opern und Ballett: In dem schönen Paradebau auf dem Volksplatz, entworfen vom französischen Architekten Jean-Marie Charpentier, geben weltberühmte Ensembles Gastspiele. *Renmin Dadao 人民大道 300 | Tel. 021 63 86 86 86 | www.shgtheatre.com | M 1, M 2, M 8 People's Square*

SHANGHAI CENTRE THEATRE
上海商城剧院 (132 C1) *(Ⓜ J5–6)*
Ehrfürchtiges Staunen über Trapezkünstler und Schlangenmenschen: Die besten Akrobaten Chinas zeigen hier ihre hoch

gelobte Kunst. *Tgl. 19.30 Uhr | Eintritt ab 100 Yuan (Tickethäuschen an der Zufahrt) | Nanjing Xilu 南京西路 1376 | Kartenreservierung Tel. 021 62 79 86 63 | www.shanghaicentre.com*

SHANGHAI CONCERT HALL
上海音乐厅 (134 A4) (*M7*)
Die Konzerthalle wurde 2004 wiedereröffnet, nachdem man das Art-déco-Gebäude von 1931 um 66 m verschoben und für 18 Mio. US-Dollar renoviert hatte. Die Akustik ist so wundervoll wie die Musik des Shanghai Symphony Orchestra. *Karten 9–19.30 Uhr | Yan'an Donglu 延安东路 523 | Tel. 021 53 86 66 66 | www.shanghaiconcerthall.org | M1, M2, M8 People's Square*

INSIDER TIPP SHANGHAI CULTURE SQUARE 上海文化广场
(133 D5) (*J8*)
Auf dem ehemaligen Canidrome – der Hunderennbahn –, nun ein grüner Park, hat sich „ein Kranich, der seine Flügel ausbreitet" niedergelassen, so die schöne Metapher, die den Architekten inspirierte. Die hochmoderne Konzerthalle mit über 2000 Plätzen war bei ihrer Eröffnung 2011 die größte der Welt. Die unterirdischen Theaterbühnen begeistern mit Aufführungen weltbekannter Musicals. *Yongjia Lu 永嘉路 36 | M1, M12 Shanxi Road South*

SHANGHAI ORIENTAL ART CENTER
东方艺术中心 ★ (0) (*0*)
Überwältigendes architektonisches Meisterwerk des Franzosen Paul Andreu, hypermoderne Technik und superbe Akustik bilden den Rahmen für musikalische Aufführungen von Weltrang. *Karten 9.30–19.30 Uhr | Dingxiang Lu 丁香路 425 | Tel. 021 68 54 12 34 | www.shoac.com.cn | M2 Science and Technology Museum*

Schwerelose Körper im Shanghai Centre Theatre

YIFU CHINA OPERA THEATRE
逸夫京剧中心 (134 B3) (*M6*)
Uralte Geschichten von Liebe, Tod und Verrat, wundervolles Maskenspiel: ein Muss für Liebhaber der traditionellen chinesischen Kunqu-Oper. *Fuzhou Lu 福州路 701 | Tel. 021 63 51 46 68 | M1, M2, M8 People's Square*

ÜBERNACHTEN

Die Luxushotels der Metropole schweben über den fünf Sternen – und sind astronomisch teuer. Schöne Sternchen-Herbergen für bescheidene Leute gibt es jedoch auch, denn die Weltausstellung Expo hat den Hotelmarkt beflügelt.

Geschäftsreisende werden in unzähligen, aber gesichtslos modernen oder schnörkelverliebt kitschigen Mittelklassehotels zufriedengestellt. Markanten Stil dagegen zeigen die Bauten aus der Kolonialzeit, die das Flair der „goldenen" 1930er-Jahre atmen. Zu Maos Zeiten waren die Villen Staatsgästen und Politikern vorbehalten, und die Grandhotels verkamen zur Absteige. Luxuriös renoviert, schreiben sie nun die legendären Zeiten fort. Kleine Häuser bemühen sich im China von heute um eine besondere Qualität: um kreativen Charme. Das gelingt ihnen! Und selbst Rucksackreisende dürfen sich auf erholsame Unterkünfte freuen.

Die unten empfohlenen Hotels sind nach der billigsten Doppelzimmerkategorie eingestuft. Der tatsächliche Preis für eine Übernachtung kann z. B. bei Großveranstaltungen erheblich höher, bei Rabattaktionen außerhalb der Hauptsaison auch deutlich darunter liegen; übliche Rabatte z. B. bei Internetbuchung wurden dagegen ebenso einberechnet wie häufig verlangte Servicepauschalen in Höhe von 10 bis 15 Prozent der Zimmerrechnung.

Die günstigsten Preise sind generell durch eine frühzeitige Buchung über eine Reisebüro oder übers Internet zu erzielen. Ein deutschsprachiges Buchungsportal

Bild: Foyer des Grand Hyatt im Jin Mao Building

Zeit zum Träumen: Wohnen über den Wolken oder in prachtvollen Kolonialhotels – Sie haben die Wahl

ist *www.tripadvisor.de.* Englischsprachige haben für China ein noch breiteres Angebot, darunter *www.elong.net, english.ctrip.com* und *www.sinohotel.com.*
Erscheinen Sie an der Rezeption, ohne im Voraus gebucht zu haben, so sollten Sie sich das Zimmer ansehen, ehe Sie einziehen, und ein besseres zum gleichen Preis verlangen, falls Sie einen Mangel feststellen.
Die im Folgenden genannten Hotels – mit Ausnahme der Billigherbergen – verfügen über einen Mindeststandard, d. h. klimatisierte Doppelzimmer mit eigenem Bad, Fernseher und Telefon, Internet/ADSL-Anschluss bzw. WLAN im Zimmer oder im Businesscenter sowie Restaurant, Servicedienste und Fitnesseinrichtungen.

HOTELS €€€

Diese Fünfsternehotels verwöhnen die Gäste mit Butlerdiensten, Sporteinrichtungen (Fitnesscenter, Schwimmbad, Tennis, Squash), Wohlfühl- und Schön-

Luxuriös vor toller Kulisse: das Shangri-La in Pudong

heitssalons, feinen Restaurants, Cafés und Bars. Zum Angebot gehören außerdem Businesscenter, Räume für Konferenzen und Bankette sowie Ballsäle.

GRAND HYATT 金茂君悦大酒店 ★ (135 F4) (*Q7*)

Das Jin Mao Building ist an Eleganz nicht zu übertreffen. Das herausragende Hotel befriedigt höchste Ansprüche: 555 noble Suiten und luxuriöse Zimmer gruppieren sich um ein 115 m hohes Atrium. *Century Avenue (Shiji Dadao)* 世纪大道 *88 | Tel. 021 50 49 12 34 | www.shanghai.grand.hyatt.com | M 2 Lujiazui*

LANGHAM YANGTZE BOUTIQUE 朗廷扬子精品酒店 (134 B2) (*M6*)

Das 1934 im portugiesischen Kolonialstil errichtete ehemalige Yangtze Hotel erstrahlt seit 2009 wieder im Glanz des Art déco. 96 opulent gestaltete Zimmer, viele mit kleinem Balkon. Zum People's Square und zur Nanjing Lu sind es nur ein paar Schritte. *Hankou Lu* 汉口路 *740 | Tel. 021 60 80 08 00 | yangtzeboutique.langhamhotels.com | M 1, M 2, M 8 People's Square*

LES SUITES ORIENT 东方商旅酒店 (135 D4) (*O7*)

Moderne Eleganz kennzeichnet dieses 168-Zimmer-Haus, dem die Gäste Bestnoten erteilen. Die Lage am Bund mit Huangpu- und Yu-Garten-Blick (am besten ab dem 10. Stock) überzeugt ebenso wie das gute Preis-Leistungs-Verhältnis. *Jinling Donglu* 金陵东路 *1 | Tel. 021 63 20 00 88 | www.lessuitesorient.com | M 10 Yu Garden*

JW MARRIOTT HOTEL AT TOMORROW SQUARE 明天广场JW万豪酒店 (134 A2) (*L6*)

„Tomorrow Square": Das ist das 60-stöckige Hochhaus am People's Park, das aussieht wie eine Rakete. In manchen der 342 Zimmer bieten sogar die Badewannen ein Shanghai-Panorama. Teuer, aber mit viel Luxus. Geschäftsleute preisen die Executive-Etage. *Nanjing Xilu* 南京西路 *399 | Tel. 021 53 59 49 69 | www.marriott.de | M 1, M 2, M 8 People's Square*

PUDONG SHANGRI-LA 浦东香格里拉大酒店 (135 E4) (*P7*)

Zur Teatime in den tiefen Sesseln der Hotelhalle versinken, kleine Delikatessen naschen und zu Klavierklängen die Aussicht auf den Bund genießen – so schön kann das Leben sein! Das Haus verfügt über 606 prachtvoll dekorierte Zimmer und Suiten im *River Wing* und 375 superluxuriöse im *Grand Tower. Fucheng Lu* 富城路 *33 | Tel. 021 68 82 88 88 | www.shangri-la.com | M 2 Lujiazui*

HOTELS €€

BROADWAY MANSIONS HOTEL

上海大厦 (135 E1) *(🕮 P5)*

Ein imposanter Bau am nördlichen Bund mit 253 Zimmern, INSIDER TIPP vom 12. bis zum 16. Stock mit Panoramasicht auf die Stadt oder den Fluss. *Bei Suzhou Lu* 北苏州路 *20 | Tel. 021 63 24 62 60 | www.broadwaymansions.com*

HENGSHAN MOLLER VILLA 衡山马勒别墅饭店 ★

(133 D2) *(🕮 J6)*

Das Schlösschen im Harry-Potter-Stil wurde 1936 von dem schwedischen Reeder Eric Möller erbaut. Heute birgt die mit Kronleuchtern, Brokatvorhängen und vergoldetem Mobiliar ausgestattete Villa modernen Komfort. Die elf pompösen Suiten, teils mit Gartenblick, gefallen Romantikern. Im Hinterhof liegt ein lichter, freundlicher Neubau mit 34 Zimmern. *Shaanxi Nanlu* 陕西南路 *30 | Tel. 021 62 47 88 81 | www.mollervilla.com | M 1, M 10 Shanxi Road South*

JIN JIANG HOTEL 锦江饭店

(133 D3) *(🕮 K7)*

Die georgianische Architektur der in den 1920er-Jahren erbauten ehemaligen Cathay Mansions ist imponierend. Die hohen Räume im nördlichen Grosvenor House sind stilvoll möbliert, aber etwas düster, das südliche Gebäude wurde ansprechend modernisiert. 442 Zimmer. *Maoming Nanlu* 茂名南路 *59 | Tel. 021 32 18 98 88 | jj.jinjianghotels.com | M 1, M 10 Shanxi Road South*

OKURA GARDEN HOTEL 花园饭店

(133 D3) *(🕮 J7)*

Im französischen Sportclub von 1929 residiert heute ein elegantes japanisches Hotel. In dem Betonklotz dahinter befinden sich 492 hell möblierte Räume. *Maoming Nanlu* 茂名南路 *58 | Tel. 021 64 15 11 11 | www.gardenhotelshanghai.com | M 1, M 10 Shanxi Road South*

PARK HOTEL 国际饭店

(134 A2) *(🕮 M5–6)*

Der Art-déco-Wolkenkratzer steht seit 1934 im geografischen Mittelpunkt der Stadt. Die Standardzimmer sind zwar geräumig, aber etwas trostlos. 244 Zimmer; wählen Sie eines mit Blick auf den People's Park. *Nanjing Xilu* 南京西路 *170 | Tel. 021 63 27 52 25 | www.parkhotel.com.cn | M 1, M 2, M 8 People's Square*

PARKVIEW HOTEL 东怡大酒店

(0) *(🕮 0)*

Formschönes Haus in Pudong, entworfen von Paul Andreu, dem Architekten des benachbarten Oriental Art Center.

MARCO POLO HIGHLIGHTS

★ Grand Hyatt
Seit der Eröffnung ist es eine Ikone des modernen Shanghai → S. 84

★ Hengshan Moller Villa
Wohnen in einem schwedischen Märchenschloss → S. 85

★ Fairmont Peace Hotel
Luxus, Lage, Tradition: Diese Kombination ist einzigartig → S. 86

★ Old House Inn
Knarrende Treppen führen in Himmelbetten → S. 89

209 komfortable Zimmer in ansprechendem Design. Genießen Sie hier den INSIDER TIPP Afternoon Tea mit Blick ins Grüne. *Dingxiang Lu* 丁香路 *555 | Tel. 021 61 62 11 18 | www.parkviewhotel.cn | M 2 Science and Technology Museum*

QUINTET (132 B3) (*∅ G7*)
Auch wenn es sich als „Bed & Breakfast" ausgibt, handelt es sich bei dieser Herberge doch eher um ein so kleines wie feines Hotel garni. Die sechs bestens ausgestatteten Zimmer, die sich auf die drei Etagen des Altbaus verteilen, tragen individuelle Namen. „Oriental Pearl" beispielsweise liegt im Erdgeschoss, hat eine Veranda und verfügt über einen direkten Zugang von außen. Das Haus versteckt sich hinter dem Restaurant *Closed Door. Changle Lu* 长乐路 *808 | Tel.*

LUXUSHOTELS

Ein Nachtlager kostet ab 300 Euro, Suiten gehen bis über 10 000 Euro.

Park Hyatt 柏悦酒店
(135 F4) (*∅ Q7*)
Himmelhoch wohnen im Shanghai World Financial Center: Hier findet man Ruhe für die überforderten Sinne. Luxus wird hier durch Reduktion auf das Wesentliche geschaffen. Holz und dunkler Stein, helles Leinen und nur ein Hauch von Asien – ein edler Rahmen für die staunenswert schöne Aussicht in 174 Zimmern und Suiten. *Century Avenue* 世纪大道 *100 | Tel. 021 68 88 12 34 | shanghai.park.hyatt.com | M 2 Lujiazui*

Fairmont Peace Hotel 和平饭店
★ **(135 D2)** (*∅ O6*)
Seit 1929 die erste Adresse am Bund! Hier residierte die Prominenz. Spätere Umbauten raubten dem Art-déco-Haus einen Großteil seines Charmes, 2010 aber erlebte es nach drei Jahren aufwendiger Restaurierung aller 270 Zimmer und sonstiger Räumlichkeiten seine stilvolle Wiederauferstehung – mit mehr Luxus denn je. Ein Muss auch für Nichthotelgäste: die Bar mit der Jazzband. Entspannung, z. B. bei einer Duftölmassage, bietet das hervorragende ● *Willow Stream Spa* mit glasüberdachtem Pool. *Nanjing Donglu* 南京东路 *20 | Tel. 021 63 21 68 88 | www.fairmont.de | M 2, M 10 East Nanjing Road*

Peninsula 半岛酒店 **(135 D2)** (*∅ P5*)
Dass der Art-déco-Stil nur nachempfunden ist – das 235-Zimmer-Haus eröffnete 2010 –, wird niemanden stören, vor allem keinen Technikliebhaber, der die gesamte Zimmerelektrik auch von der Badewanne aus per Fernbedienung steuern kann. Die Lage am Bund ist sowieso über jede Kritik erhaben. *Zhongshan Dong Yilu* 中山东一路 *32 | Tel. 021 23 27 28 88 | www.peninsula.com*

Ritz-Carlton 浦东丽思卡尔顿酒店
(135 F3) (*∅ Q7*)
Schon der Name steht für Renommee und Luxus. Im Südturm des International Finance Centre belegt diese edle Herberge die obersten 15 Etagen – mit entsprechendem Weitblick aus allen 285 Zimmern. Das Beste ist der Spa-Bereich: 1500 m² groß mit Stadtpanorama beim Schwimmen im 53. Stock. *Century Avenue* 世纪大道 *8 | Tel. 021 20 20 18 88 | www.ritzcarlton.com | M 2 Lujiazui*

Ein Hauch von Spanien: Architektur mit kolonialem Charme im Anting Villa Hotel

021 62 49 90 88 | www.quintet-shanghai.com | M 1, M 7 Changshu Road

RADISSON PLAZA XING GUO HOTEL
兴国宾馆 (0) (*F7*)

Ein elegantes Hotel im Herzen des Französischen Viertels – erholsam ist der alte, große, ruhige Park. Das Haus bietet 190 Zimmer, darunter 40 Suiten, und verfügt über ein ausgezeichnetes Schwimmbad. *Xingguo Lu* 兴国路 *78 | Tel. 021 62 12 99 98 | www.radisson.com/shanghaicn_plaza*

INSIDER TIPP URBN HOTEL 雅悦酒店
(132 B1) (*H5*)

Auf kunstvolle Weise wurde hier Altes – Ziegelsteine, Holz und Lederkoffer – mit modernem, weltoffenem Design verbunden. Das Ergebnis ist ein lichtes und schönes Hotel, geöffnet zum idyllischen Innenhof einer alten Fabrik. Ein Penthouse macht nicht nur Flitterwöchnern Lust auf Zweisamkeit, und auf seiner Terrasse darf man auch mit Freunden feiern. Das 26-Zimmer-Haus ist das erste CO_2-neutrale Hotel Chinas, hier wird Wert auf Umweltfreundlichkeit gelegt. *Jiaozhou Lu* 胶州路 *183 | Tel. 021 51 53 46 00 | www.urbnhotels.com | M 2, M 7 Jing'an Temple*

HOTELS €

INSIDER TIPP ANTING VILLA HOTEL
安亭别墅酒店 (132 A5) (*G9*)

Das spanisch angehauchte Hotel hat 144 Zimmer. Wählen Sie eines im 7. oder 8. Stock mit Blick in einen alten Zederngarten. 40 der Räume liegen in einer Villa – die Suiten dort sind mit Empire-Stilmöbeln eingerichtet. *Anting Lu* 安亭路 *46 | Tel. 021 64 33 11 88 | www.antingvillahotel-shanghai.com | M 1 Hengshan Road*

CAPTAIN HOSTEL 船长青年酒店

Drei Filialen gibt es, und alle drei bieten sehr preisgünstige Zimmer in attraktiver Lage: zwei beim Bund um die Ecke, eine in Pudong. Die am besten geführte (und teuerste) ist die in der Yan'an Lu (60 Zimmer); ihr Clou ist ein Dachgarten. Unter den 30 Zimmern der Laoshan-Lu-Filiale sind sehr preisgünstige Einzelzimmer. Das Stammhaus in der Fuzhou Lu hat ebenfalls 30 Zimmer. Die Bezeichnung „Hostel" verweist auf das Angebot an Schlafsaalbetten (nicht in Pudong). *Fuzhou Lu* 福州路 *37 | Tel. 021 63 23 50 53 | M 2, M 10 East Nanjing Road* (135 D3) (*🗺 O6*); *Laoshan Lu* 崂山路 *527 | Tel. 021 58 36 59 66 | M 2, M 4, M 6, M 9 Century Avenue* (0) (*🗺 S9*); *Yan'an Donglu* 延安东路 *7 A, Tel. 021 33 31 00 00 | M 10 Yu Garden* (135 D3) (*🗺 O7*) | *www.captainhostel.com.cn*

Hier können Sie preiswert an Bord gehen: Doppelkajüte im Captain Hostel

CITADINES JINQIAO 馨乐庭金桥服务公寓 (134 A1) (*🗺 M5*)

Das unweit vom People's Square zentral gelegene Aparthotel bietet 260 Wohneinheiten (Studios und Mehrraum-Apartments) mit Küche, besonders interessant für Familien mit kleinen Kindern – buchbar auch nur für eine Nacht. Zu den Küchen gehören Geschirrspüler und Mikrowelle. *Beijing Xilu* 北京西路 *55 | Tel. 021 23 08 66 66 | www.citadines.com/de/index.html | M 1 Xinzha Road*

CITY HOTEL 城市酒店 (133 D2) (*🗺 J6*)

Außen grau, innen gut: Ausstattung, Service, Preise, Aussicht von den oberen Stockwerken. 276 Zimmer. *Shaanxi Nanlu* 陕西南路 *5–7 | Tel. 021 62 55 11 33 | www.cityhotelshanghai.com | M 1, M 10 Shanxi Road South*

KOALA GARDEN HOUSE 考拉花园旅舍 (131 F2) (*🗺 P2*)

Blümchen blühen hier zwar nur auf Tapeten und den Gardinen, die den Blick in den Hinterhof verschleiern, sie verleihen aber dem altmodisch-gemütlichem Hotel bezaubernden Charme. 2009 nach einer farbenfrohen Renovierung eröffnet, bietet das kleine Haus 25 preisgünstige Zimmer, teils mit Schlafsaalbetten. Das freundliche Personal serviert das Frühstück im *Eucalyptus Café* mit Blick auf die autofreie Duolun Lu. *Duolun Lu* 多伦路 *240 | Tel. 021 56 71 10 38 | M 3, M 8 Hongkou Football Stadium*

LING LONG HOTEL 玲珑宾馆
(0) (*M E6*)
Hotel garni in einem alten Shanghaier Haus mit 15 gemütlichen Gästezimmern, liebevoll in einem leicht nostalgischen Stil eingerichtet. Das Frühstück ist chinesisch. Vom Personal spricht nur Chefin Kathy gut Englisch. *Yan'an Xilu* 延安西路 *939 | Tel. 021 62 25 03 60 | M 2, M 11 Jiangsu Road*

INSIDER TIPP MAGNOLIA 小木兰旅馆
(132 C3) (*M H7*)
Bed & Breakfast: Miranda Yao und Norris Chen fühlen sich für das Wohlergehen ihrer Gäste in den nur fünf Zimmern persönlich verantwortlich. Zwar zahlt man mehr als doppelt so viel wie im Koala Garden oder im Ling Long Hotel, erhält dafür aber auch ein echt nostalgisches Ambiente und eine phantastische Lage mitten in der alten Französischen Konzession. *Yanqing Lu* 延庆路 *36 | Tel. 021 138 17 94 08 48 | www.magnoliabnb shanghai.com | M 1, M 7 Changshu Road*

MOTEL 168 莫泰 **168** (134 B4) (*M N7*)
Von diversen Filialen in Shanghai ist diese die beste. Zudem wird man für weniger Geld in so zentraler Lage (nahe dem Volksplatz) keinem anderen Hotel unterkommen. Die billigsten der 239 Zimmer sind allerdings eng und relativ laut. *Jinling Donglu* 金陵东路 *531 | Tel. 021 51 53 33 33 | M 8 Dashijie*

OLD HOUSE INN 老时光酒店 ★
(132 B2) (*M G–H7*)
Versteckt in einer Gasse liegt dieses originelle Boutiquehotel: Gelbe Wände und chinesische Möbel zieren die zwölf kleinen Zimmer, die über moderne Bäder verfügen. Verlockend ist das Himmelbett in Zimmer Nr. 203! *Huashan Lu Lane 351 Nr. 16* 华山路351弄16号 *| Tel. 021 62 48 61 18 | www.oldhouse.cn | M 2, M 7 Jing'an Temple*

SEAGULL HOTEL 海鸥饭店
(135 E2) (*M P5*)
An der Mündung des Suzhou Creek in den Huangpu hat man einen phantastischen Blick auf die Stadt. 149 komfortabel ausgestattete Zimmer. *Huangpu Lu* 黄浦路 *60 | Tel. 021 63 25 15 00 | www.seagull-hotel.com*

LOW BUDG€T

▶ *City Central International Hostel:* U-Bahn-nah gelegen und komplett ausgestattet, erhält das Haus von den Gästen Bestnoten. 150 Zimmer, Bett ab 50 Yuan. *Wuning Lu Lane 300 Nr. 50 | Tel. 021 52 90 55 77 | M 3, M 4, M 11 Caoyang Road |* **(0) (*M F2*)**

▶ *Mingtown Etour Youth Hostel:* Neue Herberge im alten Baustil, der Hof ist eine kleine Oase. Bett ab 50, Doppelzimmer ab 150 Yuan. *Jiangyin Lu 55 | Tel. 021 63 27 77 66 | M 1, M 2, M 8 People's Square* **(133 F2) (*M L6*)**

▶ *Mingtown Hiker Youth Hostel:* Schöne Unterkunft in altem Gebäude. Bett ab 55 Yuan, Doppelzimmer ab 170 Yuan. *Jiangxi Zhonglu 450 | Tel. 021 63 29 78 89 | M 2, M 10 Nanjing Road East* **(135 D1) (*M O5*)**

▶ Buchen und weitere günstige Herbergen finden können Sie über *www.hostelworld.com*, *www.travellers point.com* oder *www.yhachina.com*.

HANGZHOU UND SUZHOU

„Was oben das Himmelreich, sind unten Suzhou und Hangzhou." Wer in eine dieser beiden traditionsreichen Städte fährt, wird diese alte Sentenz von jedem chinesischen Reiseleiter vernehmen.

Kein Zweifel: In beiden Städten, so verschieden sie sind, taucht man, aus Shanghai kommend, erst richtig ins alte China ein. Sie prägten die wunderbare Garten- und Landschaftsästhetik des Landes, aus ihnen kommen mit Seide und Tee zwei der Exportgüter, die China schon vor Jahrhunderten weltweit berühmt und beide Städte reich machten.

Dank der Hochgeschwindigkeitszüge ist für eine Stippvisite pro Ort zur Not ein Tag ausreichend – aber wirklich nur zur Not. Zwei Tage sind besser, drei nie verkehrt.

HANGZHOU

杭州

KARTE AUF SEITE 142

(140 C5) (*ꝏ 0*) **Hangzhou – das ist der Westsee. Das Gewässer, sagenumwoben, tausendfach besungen, bedichtet und gemalt, lockt als Reiseziel schon seit Jahrhunderten.**

Selbst Kaiser kamen, sich der Lieblichkeit des Ortes zu erfreuen. Als Hauptstadt der Südlichen Song-Dynastie (1127–79) erlebte die Stadt ihre größte Blüte. Marco Polo, der sie bald darauf besuchte, hielt sie für die schönste der Welt.

Mit 4 Mio. Ew. ist Hangzhou heute Hauptstadt der Provinz Zhejiang. 200 km von Shanghai entfernt am Südende des

Bild: Garten Zhuozheng Yuan in Suzhou

Himmel auf Erden: Hangzhou und Suzhou bieten klassisch-chinesische Landschaftsästhetik – mit tieferer Bedeutung

CITY **WOHIN ZUERST?**
Hangzhou beginnt und endet mit dem **Westsee (142 B–C 3–4)** ***(◫ 0)***. Wo immer man sein Ufer erreicht, ist man schon an der richtigen Stelle für einen ausgedehnten Spaziergang. Für Bootstouren (per Fähre zu den Inseln oder per handgeruderter Gondel) ist die Stadtpromenade ideal, aber es gibt auch woanders Anlegestellen.

Kaiserkanals gelegen, hat es teil an der rasanten Entwicklung der unteren Jangtse-Region.

SEHENSWERTES

HEFANG JIE 河坊街 **UND WU SHAN** 吴山 **(142 C3–4)** ***(◫ 0)***
Ein Schmucktor führt in die Hefang Jie, eine autofreie Altstadtreplik. Ein buntes Warenangebot und volkstümliche Speiselokale tragen zum gelungenen Ambiente bei. Eine hohe Mauer auf der

Südseite verbirgt das schönste historische Anwesen der Stadt: die 1874 gegründete Apotheke Hu Qingyu Tang mit einem INSIDER TIPP *Apothekenmuseum (tgl. 8.30–17 Uhr | Eintritt 10 Yuan | www.hqyt.com).* Schon die Räumlichkeiten mit bepflanzten Innenhöfen und vergoldetem Schnitzwerk sind sehenswert.

Eine von mehr als 300 Skulpturen im Fels: lachender Dickbauchbuddha am Feilai Feng

Wu Shan heißt der Hügel gleich südlich des Schmucktors. Er ist als Park angelegt. Ihn krönt seit 2000 der ★ „Stadtgottpavillon" *Chenghuang Ge (tgl. 7.30–22 Uhr | Eintritt 30 Yuan)*, ein mächtiger, auf „chinesisch" getrimmter Turm mit Aufzug und bestem Stadt- und Seepanorama. Ein großes Diorama zeigt das Hangzhou des 13./14. Jhs.

PAGODE LIUHE TA 六和塔 ★

(142 B5–6) (*0*)

Die „Pagode der sechsfachen Harmonie" steht auf einer Anhöhe mit Blick über den Qiantang-Fluss und ist außergewöhnlich voluminös. Ihr Name beschwört eine sechsfache Einigkeit der Mönchsgemeinde. Die knapp 60 m hohe Holzkonstruktion stammt aus dem Jahr 1900, der darin verborgene Backsteinkern ist von 1153. Am bewaldeten Hang hinter der Pagode lässt sich noch eine kleine Bildungsreise in Sachen Pagodenkunde unternehmen: Dort stehen Nachbauten berühmter Pagoden des Landes im Maßstab 1 : 5 bis 1 : 10 samt erklärenden Texttafeln. *Tgl. 6–18 Uhr | Eintritt 30 Yuan inkl. Turmbesteigung | 3 km südlich des Westsees oberhalb der Qiantang-Jiang-Brücke*

PROVINZMUSEUM 浙江省博物馆

(142 B3) (*0*)

Bauten im klassischen Stil bergen eine große Vielfalt an schön präsentierten Exponaten, auch mit englischer Beschriftung: archäologische Funde von prähistorischen Kulturen, Keramik, Münzen,

Kunsthandwerk, Plastiken und Skulpturen, Malerei und Kalligrafie. *Mo 12–16.30 Uhr, Di–So 9–16.30 Uhr (Einlass bis 16 Uhr) | Eintritt frei | Insel Gu Shan | Gushan Lu* 孤山路 *25*

SEIDENMUSEUM 中国丝绸博物馆

(142 B4) (*🕮 0*)

Vorn eher ein Kaufhaus, dahinter wird über Geschichte und Technik der Seidenherstellung informiert. Schaustücke: 1000-jährige Seidenstoffe. *Tgl. 8.30–16.30 Uhr (Einlass bis 16 Uhr) | Eintritt frei | Yuhuang Shan Lu* 玉皇山路 *73 | südlich des Sees*

TEEMUSEUM 中国茶叶博物馆 ●

(142 A4) (*🕮 0*)

Geschichte und Kultur der Teepflanzung, -verarbeitung und -zubereitung, präsentiert in schönem Rahmen. *Di–So 8.30–16.30 Uhr | Eintritt frei | Longjing Lu* 龙井路 *| Shuangfeng Cun* 双峰村 *(südwestlich des Sees)*

TEMPELKLOSTER LINGYIN SI 灵隐寺 UND BERG FEILAI FENG 飞来峰 ★

(142 A3) (*🕮 0*)

Hinter den exotisch klingenden Namen „Tempelkloster der wunderwirkenden Weltferne“ und „Herübergeflogener Gipfel“ verbirgt sich ein bemerkenswertes Ensemble aus Natur und religiöser Kunst: ein schattiges Tal mit einem Bächlein, auf der einen Seite ein Felshang, den alte Skulpturen schmücken, auf der anderen ein imposantes buddhistisches Tempelkloster.

Das Kloster soll 326 von einem indischen Mönch gegründet worden sein, der fand, die felsige Anhöhe gegenüber (170 m hoch) sehe aus wie ein Berg seiner Heimat – als sei dieser nach China herübergeflogen. Später, im 10.–14. Jh., wurden hier über 300 buddhistische Skulpturen und Reliefs aus dem Fels geschlagen, die meisten in natürlichen Höhlen. Berühmteste Figur ist ein lachender songzeitlicher Dickbauchbuddha nahe dem Kloster. Von den heutigen Klostergebäuden ist keins älter als 150 Jahre. Dies gilt nicht für die zwei steinernen Sutrensäulen vorn am Weg – sie wurden 969 geschaffen – und für zwei ramponierte Steinpagoden aus der gleichen Ära im ersten Hof. Die *Halle der Himmelskönige* zeigt in der Mitte den heiteren Dickbauchbuddha, auf seiner Rückseite Weituo, des Glaubens General – prunkvoll ihr gemeinsames Schreingehäuse –, an den Seiten drohen die Himmelskönige allem Bösen. Überwältigend dann die 33 m hohe *Haupthalle* von 1953. Sie birgt einen 9 m hohen Shakyamuni-Buddha, 1956 aus Kampferholz geschnitzt und vergoldet; mit Sockel und Heiligenschein erreicht das Kunstwerk fast 20 m Höhe. Die Figuren an den Seiten sind die 20 Schutzgöt-

MARCO POLO HIGHLIGHTS

★ Tempelkloster Lingyin Si und Berg Feilai Feng
Ein Kaleidoskop neuer und alter buddhistischer Bildwerke in Hangzhou → S. 93

★ Westsee
In Hangzhou lockt Chinas berühmtester Stadtsee zum Promenieren und Bootfahren → S. 94

★ Impression West Lake
Eine phantastische Show auf Hangzhous Stadtsee → S. 96

★ Literatengärten
Zu Gast in den Privatparadiesen, die sich konfuzianische Beamtenpensionäre in Suzhou schufen → S. 97

Plausch am Tempel Lingyin Si

ter des Buddhismus; dahinter folgen die erleuchteten Schüler des Buddha. Auf der Rückseite stellt eine 20 m hohe Reliefszenerie die Geschichte des Knaben Shancai dar, der auf dem Weg zur Buddhaschaft 53 Lehrer aufsuchte. Im Zentrum steht die Barmherzigkeitsgöttin Guanyin. Man sieht sie auf dem Kopf eines Riesenfischs stehen – auf dem fährt sie, um Menschen zu erlösen, über das Weltmeer.

Es folgt die *Halle des Medizinbuddha.* Seine Gestalt ist umgeben von seinen zwei Helfern und den zwölf Schutzpatronen der zwölf Doppelstunden des Tages. Die letzten zwei Hallen mit ihrem Figurenschmuck wurden erst nach 2000 fertiggestellt. Der Sockel der vorletzten (mit riesigem Granitrelief) birgt die Schatzkammer des Klosters.

Im Grundriss hakenkreuzförmig ist die gewaltige *Halle der 500 Luohan* westlich neben der Halle der Himmelskönige. Die überlebensgroßen Figuren der heiligen Mönche sind die größten derartigen in China – man sieht, wie sehr das Kloster heute prosperiert. *Tgl. 7–17 Uhr | Eintritt für das Talgebiet 35 Yuan, für das Kloster zusätzlich 30 Yuan | Busse Y1 und Y2 ab Innenstadt bis Endstation*

WESTSEE 西湖 ★

(142 B–C 3–4) (*0*)

Aus einer Bucht in der Mündung des Qiantang-Flusses machte eine Nehrung vor etwa 12 000 Jahren einen Süßwassersee – nun der berühmteste ganz Chinas. Weidengesäumte Ufer, Promenaden, Teehäuser, Pagoden, Boote und Bötchen, Inseln, Lotos, sanfte Hügel – das nur rund 1,5 m tiefe, ca. 10 km² große Gewässer bietet zahllose Szenerien und viele Arten, sie zu genießen. Die schönste ist eine Rundfahrt auf den INSIDER TIPP handgeruderten Gondeln für bis zu sechs Personen zu einem Festpreis von etwa 10 Euro pro Stunde. Alternativen sind Ruder- und Motorboote. Unternehmen Sie Ihren Törn lieber INSIDER TIPP am späteren Nachmittag, dann ist es auf dem Wasser und den Inseln weniger voll. Zu Lande bietet sich eine Tour mit den offenen Elektrokarren an, die am Ufer entlangfahren.

Xiao Yingzhou, „Kleines Yingzhou", ist nach einer Insel im Weltmeer benannt, auf der die Unsterblichen leben sollen –

also eine Art Paradieseiland. Es besteht vor allem aus großen Lotos- und Seerosenteichen. Auf der Südseite schauen drei Steinlaternen aus dem Wasser, genannt *Santan Yinyue:* „Drei Weiher spiegeln den Mond". Es ist eine der zehn berühmten Westseeansichten, aber mit erleuchteten Laternen bei Mondschein nur am Mittherbstfest zu erleben. *Fähre plus Inseleintritt 45 Yuan*

Bai-Damm: Der kürzere der zwei Dammwege führt von der Stadtpromenade zur Insel Gu Shan. Sein Name wird mit dem Dichter Bai Juyi in Verbindung gebracht, der ihn im 9. Jh. besang. Richtung Nordwest blickt man zu der 45 m hohen *Baochu-Pagode* auf.

● *Insel Gu Shan:* Die einzige natürliche Insel im Westsee ist großenteils als Park gestaltet. Am Südufer stehen Teehäuser und Restaurants, dazwischen das Provinzmuseum. Berühmt ist der Blick von der Terrasse am Ostende: „Herbstmond über stillem See". Westwärts, bevor die Uferstraße nach rechts abknickt, liegt bergseitig das schöne, klassische Anwesen der Xiling-Siegelschnitzergesellschaft von 1904 *(Eintritt frei)*. Jenseits der Bauten, die die Uferstraße säumen, nimmt der baumreiche *Sun-Yat-sen-Park* den Großteil der Inselfläche ein. Nahe der Brücke, die im Nordwesten zurück aufs Festland führt, passiert die Straße noch das Grab der Revolutionärin und Frauenrechtlerin Qiu Jin (1875–1907).

● *Su-Damm:* Der längere der zwei Dämme wurde benannt nach Su Dongpo, jenem Dichterbeamten, der ihn ab 1089 aufschütten ließ. Der 2,8 km lange Weg führt über sechs Brücken. Kurz vorm südlichen Ende liegt rechts der schöne *Huagang-Park (tgl. 24 Std. geöffnet | Eintritt frei)* mit vielen Ausblicken übers Wasser und einem Teehaus.

Von den Geschichten und Sagen, die sich um den Westsee ranken, ist die der Weißen Schlange die bekannteste. Es ist eine Liebesgeschichte, an deren Ende die eingesperrte Schlange – in Gestalt einer wunderhübschen Dame – aus ihrem Gefängnis unter der *Leifeng-Pagode* befreit wird, als diese einstürzt – was 1924

Pure Entspannung in Hangzhou: mit Freunden über den Westsee gondeln

tatsächlich geschah. Jetzt steht der Turm wieder, etwas pompös geraten, auf einem Hügel am Südufer.

YUE-FEI-TEMPEL 岳庙 (142 B3) *(Ⓜ O)*
General Yue Fei (1103–41) verteidigte China erfolgreich gegen Invasoren, aber eine Intrige am Hof kostete ihn das Leben. So stieg er postum zum Nationalhelden auf. Hier wird er mitsamt seinen Eltern verehrt, und hier ist sein und seines Sohnes Grab. Kniend dargestellt sind der Denunziant, dessen Frau und zwei Komplizen. Generationen von Chinesen haben auf die Gusseisenfiguren niedergespuckt. *Tgl. 7–17.30 Uhr | Eintritt 25 Yuan | Beishan Lu* 北山路 *| beim Nordende des Su-Damms*

ESSEN & TRINKEN

INSIDER TIPP **COSTA COFFEE**
(142 C3) *(Ⓜ O)*
Das Ziel für einen Kaffee in Zeitgeistambiente. *Nanshan Lu* 南山路 *147 | Xihu Tiandi* 西湖天地, *Gebäude 11 | Tel. 0571 87 02 71 68* | €

INSIDER TIPP **GREEN TEA** 绿茶餐厅
(142 A4) *(Ⓜ O)*
Um volkstümlich und gut zu speisen – mit Blick auf Teefelder und Teiche –, gehen Sie nahe dem Teemuseum in dieses Restaurant. Man kann auch draußen sitzen, und beachten Sie die guten Fruchtsäfte! *Longjing Lu* 龙井路 *83 | Tel. 0571 87 88 80 22* | €

LOUWAILOU 楼外楼 (142 B3) *(Ⓜ O)*
1848 gegründet, das Hangzhou-Lokal schlechthin. Hier gibt's die bekannten Spezialitäten wie Westseefisch in brauner Sauce, Teegarnelen und Bettlerhuhn. Reservieren Sie einen Fensterplatz. *Insel Gu Shan | Gushan Lu* 孤山路 *30 | Tel. 0571 87 96 90 23* | €€

WANGHU LOU 望湖楼 ●
(142 B2) *(Ⓜ O)*
Im „Haus Seeblick" können Sie den berühmten Longjing-(Drachenbrunnen-)Tee probieren. *Beishan Lu* 北山路 *12 | beim Nordende des Bai-Damms, Ecke Baochu Lu* | €

EINKAUFEN

Das beste Hangzhou-Mitbringsel ist der grüne Longjing-(Drachenbrunnen-)Tee. Er wird vielerorts angeboten. Ein kleines Teeservice aus Yixing-Ton wäre eine feine Ergänzung.

ÜBERNACHTEN

FRIENDSHIP HOTEL 友好饭店
(142 C3) *(Ⓜ O)*
230 Zimmer, zentral und nah dem See gelegen, guter Service, tolles Drehrestaurant. *Pinghai Lu* 平海路 *53 | Tel. 0571 87 07 78 88 | www.friendship-hotel.com* | €

XIZI BINGUAN (WANGZHUANG)
西子宾馆 (汪庄) (142 B4) *(Ⓜ O)*
Das ehemalige staatliche Gästehaus kompensiert seine etwas ungünstige Lage am Südende des Sees durch eben dieselbe: Hier wohnen Sie auf einem parkartigen Ufergrundstück. 200 Zimmer, verteilt auf acht Gebäude. *Nanshan Lu* 南山路 *37 | Tel. 0571 87 02 18 88 | www.xizihotel.com* | €€

AM ABEND

IMPRESSION WEST LAKE
印象西湖 ★ (142 B3) *(Ⓜ O)*
Ein Teil des Westsees wird abends zur Bühne für eine spektakuläre Show mit tollen Lichteffekten. Faszinierend: Die Darsteller bewegen sich auf dem Wasser. Erzählt wird natürlich eine Liebesge-

schichte. Kitaro komponierte die Musik. *Tgl. 19.45 Uhr, Dauer 60 Minuten | Eintritt ab 260 Yuan | gegenüber vom Yue-Fei-Tempel | Tel. 0571 87 96 22 22*

SUZHOU

苏州

KARTE AUF SEITE 143

(141 D3) (*🗺 0*) **Chinas größtes Zentrum der Seidenkultur setzte einst die Maßstäbe für feine Lebensart. Eine Ahnung davon geben bis heute die ★ *Literatengärten* – über ein Dutzend sind zu besichtigen. Die besten zählen zum Welterbe der Unesco.**

Suzhou (2,4 Mio. Ew.) war bis ins 19. Jh. nach Peking die zweitgrößte Stadt des Landes. Von hier kamen besonders viele konfuzianische Beamte, denn dank der Seidenindustrie herrschte ein Wohlstand, der es mehr Familien als anderswo erlaubte, mindestens einem Sohn eine gute Ausbildung zu finanzieren. Wenn sich die Beamten dann als Pensionäre zur Ruhe setzten, pflegten sie ihre Gärten als irdische, politikferne Paradiese.

Eine riesige Entwicklungszone außerhalb der Altstadt macht den von vielen Kanälen durchzogenen Ort heute zu einem Hightechstandort. Die berühmtesten Gärten sind meist überlaufen; seien Sie möglichst bei Toröffnung da (Einlass bis eine halbe Stunde vor Schließung). Eine *Bootsfahrt* um die Altstadt dauert 80 Minuten. Anleger: *Panxu Lu* 盘胥路 *798 | Tel. 0512 68 11 80 88* (143 E3–4) (*🗺 0*)

CITY **WOHIN ZUERST?**

Literatengärten und Suzhou-Museum (143 E–F 2–3) (*🗺 0*): In Suzhou addieren sich die nahe beieinanderliegenden Gärten Zhuozheng Yuan und Shizilin mit dem Suzhou-Museum zu einem Crashkurs in Sachen Gartenkunst und klassische Kultur.

Weitverzweigte Kanäle und Hunderte von Steinbrücken prägen das Stadtbild von Suzhou

Wo sich Pavillons im Goldfischteich spiegeln: Szenerie im Literatengarten Liu Yuan

SEHENSWERTES

BRÜCKE WUMEN QIAO 吴门桥

(143 E4) (*🕮 0*)

Die zur Brücke führende Straße ist sehr touristisch, aber vom Gipfelpunkt der Bogenbrücke blickt man auf ein erhaltenes Stück Stadtmauer mit Tor, den breiten Stadtgraben und eine alte Pagode.

GARTEN CANGLANG TING 沧浪亭 ●

(143 E3) (*🕮 0*)

Dieser älteste der Suzhouer Gärten geht aufs 10. Jh. zurück und erhielt seine heutige Gestalt ab 1873. Sein Name „Canglang-Pavillon" spielt auf eine alte Geschichte an: Ein Fischer am Canglang-Fluss riet einst einem Beamten, vor einer falschen Politik ins private Glück zu fliehen. Die Besonderheit des Gartens ist die Einbeziehung eines öffentlichen Kanals – so ließ sich das vorübergondelnde Volk durch die Fenster eines doppelten Wandelgangs betrachten. 1927 wurde im Anwesen die Kunstakademie untergebracht. Deren 1932 entstandener Neubau nebenan dient nun als Kunsthalle. *Tgl. 8–17 Uhr | Eintritt 16. April–30. Okt. 20 Yuan, sonst 15 Yuan | Canglangting Jie 沧浪亭街 | Zugang über die Brücke*

GARTEN LIU YUAN 留园

(143 D2) (*🕮 0*) ●

Der „Bleibegarten" zählt mit 2 ha Fläche zu den größten der Stadt – und ist der wohl abwechslungsreichste. Nirgends sonst wird so ausgiebig mit dem Prinzip des „Gartens im Garten" gespielt, vor

allem in der Osthälfte mit über einem Dutzend teils kaum zimmergroßer Miniszenerien. Auf Wirkung bedacht ist auch der großzügigere Westteil mit dem Gartenteich, bizarren Felsgebirgen und alten Bäumen. Hier beginnt der Rundgang. Gehen Sie nach links um den Teich herum, dann über die „Kleine Paradiesinsel", ein paar Schritte am Ostufer wieder nach Norden und schließlich in den Ostteil, so erschließen sich die Szenerien am besten. *Tgl. 7.30–17.30 Uhr, im Winter 7.30–17 Uhr | Eintritt 16. April–30. Okt. 40 Yuan, sonst 30 Yuan | Liuyuan Lu* 留园路 *338*

GARTEN SHIZI LIN 狮子林
(143 E–F2) (*🕮 0*)

Sein Name „Löwenhain" leitet sich von dem des Klosters ab, zu dem er einst gehörte. Die Kunst des Gebirgebaus wurde nirgends so hingebungsvoll gepflegt wie hier; dabei winden sich die Pfade auch durch Tunnel und Grotten. Eine Steingravur zeigt, wie der Garten im Jahr 1373 aussah. Die heutige Gestalt erhielt er erst um 1920 – mit einem so stilfremden Element wie dem steinernen Schiff unter Verwendung von Zement. *Tgl. 7.30–17.30 Uhr, im Winter 8–17 Uhr | Eintritt 16. April–30. Okt. 30 Yuan, sonst 20 Yuan | Yuanlin Lu* 园林路 *23*

GARTEN TINGFENG YUAN 听枫园 ●
(143 E2–3) (*🕮 0*)

Besuchen Sie doch mal einen der weniger berühmten und entsprechend untouristischen Gärten. Dieser hier, der „Garten des Ahornrauschens", ist mit 1300 m² Fläche fast schon intim. Er gehört zur Akademie für klassisch-chinesische Malerei. Zugabe: ein Teehaus. *Tgl. 8.30–2 Uhr | Eintritt frei (Teehaus: Mindestverzehr 100 Yuan pro Person) | Qingyuan Fang* 庆元坊 *12 (zweigt von der Mayike Lu* 马医科路 *ab)*

GARTEN WANGSHI YUAN 网师园
(143 F3) (*🕮 0*)

Der kleinste der berühmten Gärten ist perfekt. Sein Name „Garten des Meisters der Netze" greift das beliebte Fischerthema auf, denn altchinesische Fischergeschichten entfalteten gern die Utopie eines friedlichen Lebens fern der Politik. Besonders gut lässt sich hier noch die Wohnsituation nachvollziehen. Gehen Sie von der Eingangshalle aus gleich nach links, so versperrt zunächst ein Felshügel den Blick auf den Gartenteich – das erhöht die Spannung, und so gehört es sich! *Mitte Nov.–Ende Feb. tgl. 7.30–17 Uhr, sonst 7.30–17.30 Uhr | Eintritt 16. April–30. Okt. 30 Yuan, sonst 20 Yuan | Nebengasse der Daichengqiao Lu* 带城桥路 阔家头巷

Mode beim Mönchskloster: der daoistische Tempel Xuanmiao Guan in Suzhou

GARTEN ZHUOZHENG YUAN 拙政园 (143 E–F1) (🕮 0)

Der größte der Gärten. Sein Name „Garten der Politik meiner Wenigkeit" war Programm: „Was meine Wenigkeit an Politik betreibt, ist Bäume zu bewässern und Gemüse zu pflanzen", erklärte einst der Herr des Anwesens, als er die Staatsdienerbürde los war. Das Beste am Garten sind die Lotosteiche, der Fernblick auf die Nordtempelpagode und die angeschlossene Bonsaizucht (ganz im Westen). Im Ostteil können Sie im Teehaus rasten. *Tgl. 7.30–17.30 Uhr, im Winter 8–17 Uhr | Eintritt 16. April–30. Okt. 70 Yuan, sonst 50 Yuan | Dongbei Jie* 东北街 *178*

NORDKLOSTER UND PAGODE 北寺塔 ★ (143 E1–2) (🕮 0)

Die 76 m große Pagode Beisi Ta, den höchsten Turm der Altstadt, zu besteigen lohnt vor allem wegen des Ausblicks. Östlich der Pagode steht die 400 Jahre alte Guanyin-Halle, das beste mingzeitliche Bauwerk der Stadt. Der Klostergarten ist eine Oase der Ruhe. *Tgl. 8–18 Uhr | Eintritt 15 Yuan | Renmin Lu* 人民路 *652*

SEIDENMUSEUM 丝绸博物馆 (143 E1–2) (🕮 0)

Das moderne Haus illustriert die Technik der Seidengewinnung und ihre Geschichte. *Tgl. 9–17 Uhr | Eintritt frei | Renmin Lu* 人民路 *661 | gegenüber Pagode Beisi Ta*

SUZHOU-MUSEUM 苏州博物馆 ● (143 E–F1) (🕮 0)

Den 2006 eröffneten Neubau mit modernem Garten entwarf Stararchitekt Ieoh Ming Pei für die Stadt seiner Vorfahren. Die Exponate zeigen die örtliche Kunst und Kultur. Die angeschlossene Residenz mit altem Theatersaal belegten 1863 Anführer der Taiping-Rebellion. *Di–So 9–17*

Uhr (Einlass bis 16 Uhr) | Eintritt frei | Dongbei Jie 东北街 *204*

TEMPEL XUANMIAO GUAN 玄妙观 **(143 E2) (*🗺 0*)**
Das daoistische Heiligtum an der beliebten Fußgängerzone markiert mit seiner mächtigen Haupthalle das Zentrum der Stadt. Links und rechts vom Vorplatz stehen weitere kleinere Tempel (gleiche Eintrittskarte), in der Torhalle wachen sechs Generäle. In der Haupthalle thronen die Drei Reinen, die Hochgötter der daoistischen Religion, dahinter sehen Sie Figuren der 60 Jahresgötter. *Tgl. 7.30–16.45 Uhr | Eintritt 10 Yuan | in der Mitte der Guanqian Jie* 观前街

ESSEN & TRINKEN

CALIFORNIA DREAM 加州风情 **(143 E2) (*🗺 0*)**
Käsekuchen, Toast, Tiramisu, Mangomousse, Kaffee ... Gehen Sie ins Obergeschoss! *Furenfang Xiang* 富仁坊巷 *22 | südlich des Xuanmiao Guan* | €

SONGHELOU 松鹤楼 **(143 D2) (*🗺 0*)**
Der Suzhou-Klassiker – erstmals urkundlich erwähnt im Jahr 1757. Diese Filiale ist allerdings ganz modern. Mit ihrer feinen ortstypischen Küche übertrifft sie noch das Stammhaus. Sehr zivile Preise. *Holiday Inn Jasmine, 5. Etage | Changxu Lu* 阊胥路 *345 | Tel. 0512 65 58 35 83* | €€

ÜBERNACHTEN

INSIDER TIPP GARDEN VIEW HOTEL
人家大酒店 **(143 E–F2) (*🗺 0*)**
189 Zimmer in klassisch-chinesischem Ambiente samt Garten! Und die zentral gelegene Fußgängerzone ist nur wenige Gehminuten entfernt. *Lindun Lu, Luogua Qiao 66* 临顿路落瓜桥下塘 *| Tel. 0512 67 77 88 88* | €

PAN PACIFIC 泛太平洋酒店
(143 E4) (*🗺 0*)
484 Luxuszimmer im Altstadtbereich, direkter Zugang zum Panmen-Park mit Pagode und Stadtmauer. *Xinshi Lu* 新市路 *259 | Tel. 0512 65 10 33 88 | www.panpacific.com* | €€

AM ABEND

INSIDER TIPP KULTURPROGRAMM IM WANGSHI YUAN 网师园夜花园
(143 F3) (*🗺 0*)
Klassische Kultur in klassischem Ambiente: Man wandert im Lauf von zwei Stunden grüppchenweise von einer Station zur nächsten. Musik, Opernarien, Tanz und Burleske – eine glückliche Zusammenstellung, wenn auch wegen der vielen Besucher leider nicht mit Muße zu erleben. *März–Nov. tgl. 19.30 Uhr | Eintrittskarten (80 Yuan) sind am Eingang erhältlich*

LOW BUDG€T

- *Garküchengasse in Hangzhou:* Von der Hefang Jie **(142 C3) (*🗺 0*)** zweigt sie nach Norden ab. Hier speist man ebenso preisgünstig wie stilecht.
- Das *West Lake Youth Hostel* in Hangzhou, seenah gelegen, bietet Betten ab 40 Yuan. *Nanshan Lu 62–63 | Tel. 0571 87 02 70 27 | www.westlakehostel.com* **(142 B4) (*🗺 0*)**
- Im *Minghantang Youth Hostel* in Suzhou kostet die Nacht samt Altstadtambiente ab 20 Yuan. *Guangji Lu Xiatang 61 | Tel. 0512 65 83 33 31 | www.mhthostel.com* **(143 D2)**

STADTSPAZIERGÄNGE

Die Touren sind im Cityatlas, in der Faltkarte und auf dem hinteren Umschlag grün markiert

1 CHINA PUR

Das üppige, geballte Leben im alten Herzen der Stadt macht süchtig. Wandeln, staunen und einkaufen: Dafür sollten Sie mindestens fünf Stunden einplanen.

Dieser Spaziergang beginnt am Tor der Altstadt, Ecke Renmin/Lishui Lu. Vor Ihnen liegt der Gebäudekomplex des **Yuyuan-Basars → S. 73**, der im Stil der Qing-Dynastie als ein Tempel für den Konsum neu gebaut wurde. Die Läden links in der **Fuyou Lu** verkaufen die typischen rotgoldenen Dekorationen. Das Geschäft Nr. 11C bietet Pinsel aus Naturhaar, Papier und Zubehör für die Kalligrafie an. Rechter Hand, hinter der hohen Mauer, sehen Sie die schwungvollen Dächer des **Yu Yuan → S. 35**. Rechts geht es in die Anren Lu und entlang der Parkmauer durch die Gasse: Da wird in dunklen Stuben gekocht, an der Ladentheke gegessen, es werden in kleinen Werkstätten Schuhe repariert oder Hosen genäht, Kleinwaren im Hauseingang feilgeboten und Betten auf dem Gehweg gelüftet, und die Wäsche hängt zum Trocknen an Stangen aus den Fenstern. Gehen Sie zweimal rechts, dann stoßen Sie auf den **Stadtgotttempel (Chenghuang Miao) → S. 34**. Der kleine Platz davor ist erfüllt vom Lärm der Marktschreier und von den Stimmen der vielen Menschen. Appetitliche Gerüche aus Lokalen und Garküchen mischen sich mit dem Rauch aus der großen Feuerstelle,

Bild: Yuyuan-Basar

Streifzüge mit allen Sinnen: Schlendern Sie durch die Jahrhunderte – von der Altstadt bis ins futuristische Pudong

in der die Gläubigen ihre Räucherstäbchen entzünden. Der Devotionalienladen links lockt mit buddhistischen Kassettenrecorderklängen und herrlichem Kitsch. Dagegen ist der Yu Yuan eine Oase altchinesischer Ästhetik und auch eine Oase der Stille, wenn er nicht gerade voll mit Touristengruppen ist. Nach dem obligatorischen Foto an der **Zickzackbrücke** schlagen Sie sich bis zur Jiujiaochang Lu im Westen durch, von der die Chenxiangge Lu abzweigt. In der kleinen Gasse Nr. 29 liegt ein 400 Jahre altes **Nonnenkloster** versteckt *(tgl. 7–16 Uhr | Eintritt 10 Yuan)*. Gehen Sie nun zurück bis zur **Old China Street** (Fangbang Lu): Das vierstöckige Gebäude an der Ecke Henan Lu beherbergt die Trödlerzunft.

Auf der Henan Lu gehen Sie nach Norden, um dann links in die **Dajing Lu** einzubiegen. Wandern Sie durch die quirlige Marktgasse, vorbei an zweistöckigen Häusern, die vom Alter gezeichnet sind. Das gesamte Altstadtviertel ist dem Untergang geweiht, und ein Blick in die düstere, feuchte Enge der heruntergekommenen Häuser offenbart, dass die Bausubstanz nicht mehr zu retten ist. Die Bewohner werden umgesiedelt in Trabantenstädte am Stadtrand – die wenigsten können sich eine Wohnung in den luxuriösen Apartmentblocks leisten, die ringsum schon in den Himmel ragen. Besuchen Sie zum Schluss den daoistischen **Tempel der weißen Wolken** *(Baiyun Guan | tgl. 8–16.30 Uhr | Eintritt 5 Yuan)*, der einem Hochhaus weichen musste und in die *Dajing Lu 239* versetzt wurde. Nebenan können Sie mit dem **Dajing-Turm** *(tgl. 9–16 Uhr | Eintritt 5 Yuan)* die Reste der Stadtmauer besichtigen.

2 FRANZÖSISCHES FLAIR

Ein vierstündiger Bummel durch die einstige Französische Konzession, wo sich das Flair einer vergangenen Zeit mit der geschäftigen chinesischen Gegenwart mischt.

Beginnen Sie an einem Ort des Vergnügens, an der Straßenkreuzung Changle Lu/Maoming Nanlu: Hier steht das erste europäische Theater der Stadt. Im heutigen **Lanxin-Theater**, einem Bau von 1931 im Stil der italienischen Renaissance, gastierten die Ensembles aus Übersee. Das markante **Jin Jiang Hotel** **→ S. 85** von 1929 erinnert an die georgianische Zeit in England. Der exklusive **Cercle Sportif Français** residierte gegenüber. Als einziger Club nahm er, typisch französisch, Frauen als Mitglieder auf und später als erster Club auch Chinesen. Das neoklassizistische Gebäude ist eines der beliebtesten Werke des Architekten Paul Veysseyre. Die Inneneinrichtung war glamourös. Der Bauernsohn Mao Zedong, der durch harte und entbehrungsreiche Kriegsjahre gegangen war, erkor den Club zur privaten Residenz für sich und sein Gefolge und eliminierte den westlichen Luxus. Den alten Glanz brachte eine Sanierung durch das **Okura Garden Hotel** **→ S. 85** zurück. Bewundern Sie das

Savoir-vivre abseits der Hauptstraßen: Caféviertel in der Französischen Konzession

goldene Wandmosaik in der östlichen Eingangshalle, den Aufgang mit dem aus Frankreich importierten Treppengeländer sowie den prächtigen Ballsaal der 1930er-Jahre mit seinem bunten Glasdach.

Kreuzen Sie die Huaihai Lu, und folgen Sie der Maoming Lu. Das Eckgebäude **Astrid Apartments** links an der Ecke zur Nanchang Lu wurde 1933 im Stil des Art déco errichtet. Weiter geht es rechts in die **Nanchang Lu** und durch das Tor auf der linken Straßenseite in die **Lane Nr. 201**: Hier sind Sie im Herzen der Französischen Konzession! Wandeln Sie durch die ruhigen, baumbestandenen Hinterhöfe, vorbei an den in den 1930er-Jahren erbauten **King Albert Apartments**, bis zum Ausgang in der Shaanxi Nanlu (Nr. 157). Folgen Sie der Straße, um dann rechts in der kleinen Gasse 550, am Gemüsemarkt vorbei, in einem der Lokale des **Jiashan Market** → S. 59 eine Pause einzulegen.

Gehen Sie zurück zur Shaoxing Lu, wo sich das chinesische Großstadtleben von seiner gemächlichen Seite zeigt, an der Kreuzung Ruijin Lu links bis zur Fuxing Lu, rechts und dann links in die Sinan Lu. Dieses Viertel ist geprägt durch Wohnhäuser aus der Kolonialzeit, hier stehen in wilden Gärten Kleinode, die verwahrlost, aber noch immer schön sind. Die **Residenz von Sun Yat-sen** → S. 41 zeigt, wie gebildete chinesische Bürger damals lebten. Biegen Sie links in die Gaolan Lu ein, um einen Blick auf die russisch-orthodoxe **St.-Nikolaus-Kirche** zu werfen. Der ehemals französische **Fuxing-Park** → S. 39 ist typisch chinesisch. Das liegt an den alten Männern, die sich hier zum Kartenspielen und Schwatzen treffen. Viele nehmen eine weite Anfahrt in Kauf, weil sie im Zuge der Stadtsanierung ausgesiedelt worden sind und in anonymen Satellitenstädten leben. Kreuzen Sie schließlich am Parkausgang Nanchang Lu die Chongqing Nanlu, und folgen Sie der Xingye Lu bis zum Trendviertel **Xintiandi**. Dort können Sie sich vom staunenswerten Angebot der schönen Geschäfte beeindrucken lassen.

3 KOLONIALZEIT TRIFFT MODERNE

Ein Ausflug in die koloniale Vergangenheit der Stadt durch die ehemalige Internationale Niederlassung zum Bund hinüber ins moderne Pudong. Der Spaziergang mit architektonischen Highlights ist ein Programm für einen Tag.

Wo der Suzhou Creek in den Huangpu mündet, führt die 1906 erbaute stählerne **Garden Bridge** (Waibaidu Bridge) über den Fluss. Hier standen 1937–45 die Grenzposten zur japanisch besetzten Zone nördlich des Suzhou Creek. Chinesen, die die Brücke passieren wollten, mussten sich vor den japanischen Wachsoldaten tief verbeugen und auf ein Zeichen zum Weitergehen warten. Verletzten sie das Ritual, wurden sie verprügelt – eine Demütigung, an die sich Ältere noch mit Bitterkeit erinnern. Von der Brücke hat man einen guten Blick auf das **Russische Konsulat**, das 1917 von dem deutschen Architekten Hans Emil Lieb im Stil des Historismus gebaut wurde. Direkt gegenüber steht das **Astor House Hotel**, ein Bau der Neorenaissance von 1860. Pausieren Sie bei schönem Wetter auf der Terrasse des **Seagull Sightseeing Restaurant** → S. 64. Links passiert man das **Broadway Mansions** → S. 33. Das Viertel am Suzhou Creek wird unter dem Motto „Wohnen am Wasser" städtebaulich entwickelt. Folgen Sie der neuen Promenade am Fluss bis zur Sichuan Lu. Hier steht das prächtige neoklassizistische **Postamt**, ein Bau von 1924 mit kolossalen Säulen, mit dem weithin sichtbaren Uhrturm und einem schönen Dachgarten mit weitem Ausblick. Es beheimatet ein sehenswertes **Postmuseum** *(Mi, Do, Sa, So 9–16 Uhr | Eintritt 10 Yuan)*. Wenn Sie die Brücke am Suzhou Creek überqueren, der belebten Geschäftsstraße bis zur Hongkong Road

Besuchen Sie dann in Nr. 20 das **Rockbund Art Museum → S. 32** im Gebäude der ehemaligen Royal Asiatic Society. 1932 nach einem Entwurf von Palmer & Turner fertiggestellt, vereint dieses Meisterwerk Art decó mit chinesischen Elementen. Achten Sie auf die steinernen Löwenornamente am Dachfirst!

Nur der Himmel ist höher: auf der Aussichtsplattform des Oriental Pearl Tower

(Xianggang Lu) folgen und sich dort links halten, gehen Sie auf das 1930 von dem Architekten Ladislaus Hudec entworfene **Gebäude der Christian Literature Society** *(Huqiu Lu 128)* zu, dessen vertikale Fassadengliederung auf den Stil des Art déco hinweist.

Wenden Sie sich nun nach rechts: Rechter Hand stehen einige der wenigen noch erhaltenen Shikumen- oder Steintorhäuser. Diese für Shanghai charakteristische Bauform entstand mit der zunehmenden Bevölkerungsdichte im späten 19. und frühen 20. Jh. unter dem Einfluss westlicher Architektur. Ein Ziergiebel schmückt das steinerne Tor, durch das man von der Straße in eine schmale Sackgasse tritt, die von zwei Häuserreihen gebildet wird. Der so begrenzte Raum strahlt Geborgenheit aus, brachte mit wachsender Zahl der Bewohner aber auch Enge mit sich.

In der Beijing Lu halten Sie sich, den **Oriental Pearl Tower → S. 49** vor Augen, Richtung Bund. Ein kleiner Abstecher in die Yuanmingyuan Lu lohnt sich, weil hier der **Rockbund** zu besichtigen ist: Er wurde benannt nach der Rockefeller Foundation, die das verwahrloste Viertel mit enormem finanziellem Aufwand städtebaulich entwickelt. Auf der linken Straßenseite ist ein herrliches Bauensemble zu bewundern, darunter das **China Baptist Publishing Building** (Nr. 209), ein Hudec-Bau von 1933. Rechts hinter dem neuen Peninsula-Hotel liegen die ältesten Bauten am Bund: Das **ehemalige Britische Konsulat** von 1873 und die **Union Church** von 1886.

Laufen Sie nun den Bund entlang und nehmen Sie sich die Zeit, das Foyer der ehemaligen **Hong Kong and Shanghai Bank → S. 30** zu besichtigen, die im Inneren eine imponierende Pracht entfaltet. Das Portal wird von zwei Bronzelöwen bewacht. Ihre Tatzen und Nasen glänzen – denn es soll Glück bringen, wenn man sie reibt. In der Kulturrevolution wurden die Löwen entfernt, um das abergläubische Treiben zu beenden. Heute, unter den neuen kapitalistischen Spielregeln, darf man sich wieder das nötige Glück wünschen.

Spazieren Sie dann flussaufwärts: Die moderne Skyline von Pudong ist eine großartige Kulisse für die Schiffe auf dem Huangpu. Schräg gegenüber der **Wettersignalstation** von 1907 befindet sich der **Anleger für die Fähren nach Pudong** *(Eingang unten | Fahrpreis 2 Yuan | Richtung Dongfang Mingzhu Lu).*

Am anderen Flussufer erinnern die Hochhäuser, die Weite und die breiten Straßen an Amerika. Halten Sie sich links: Auf Höhe des **Paulaner Brauhaus** **→ S. 65** gelangt man auf die Uferpromenade. Hier ist es ruhiger als auf der anderen Seite, wo sich am Wochenende die Menschenmassen drängen. Die Gastronomie lädt zum Genießen mit Aussicht ein. Am Samstag und Sonntag empfiehlt es sich, den INSIDER TIPP High Tea in der Halle des edlen Hotels **Pudong Shangri-La** **→ S. 84** zu zelebrieren, bei Pianomelodien und mit spektakulärer Sicht auf den Bund. Anschließend umrundet man das größte Einkaufszentrum Chinas, die **Super Brand Mall** **→ S. 69**, und hält sich dann rechts, bis das **Jin Mao Building** **→ S. 49** und das **Shanghai World Financial Center** **→ S. 50** aufragen. Den Abend können Sie mit einem Dinner in einem der Restaurants der Wolkenkratzer beginnen – mit Blick über das nächtliche Lichtermeer der Metropole. Nach einem Drink in der Bar **Jade on 36** **→ S. 78** fühlt man sich dann wie im siebten Himmel.

Die kürzeste und flippigste Verbindung zum anderen Huangpu-Ufer führt durch den **Bund Sightseeing Tunnel** *(tgl. 8–22 Uhr | 45 Yuan | Eingang am Fernsehturm):* Wer noch ein bisschen bunte und laute Unterhaltung möchte, rauscht in einer unterirdischen Bahn durch poppige Licht- und Schallspiele unter dem großen Fluss hindurch.

Bunt, laut, kurz: Der Bund Sightseeing Tunnel ist eine besondere Unterführung

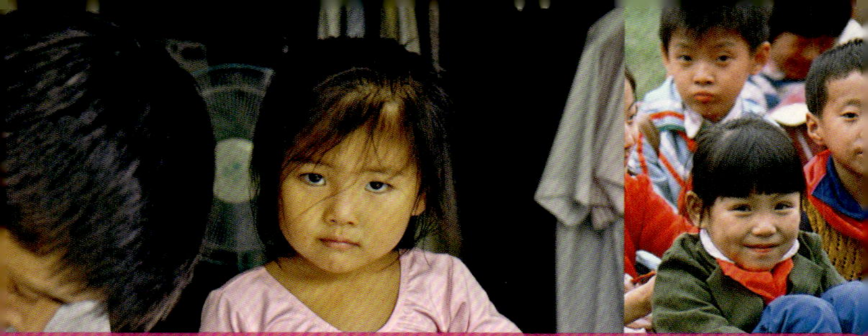

MIT KINDERN UNTERWEGS

Chinesen lieben Kinder. Mit einer kleinen „Attraktion" an der Hand öffnen sich alle Herzen und Kameralinsen. Kindersicherer Transport in Taxis ist allerdings nicht möglich, und Spielgeräte in Vergnügungsparks entsprechen nicht den deutschen Sicherheitsnormen. Shanghai ist deshalb kein ideales Pflaster für Krabbelkinder, aber Schulkindern und Teenies hat die Stadt viel zu bieten. Das Staunen beginnt im Transrapid (freie Fahrt für Kinder bis zu 1,20 m Körpergröße), und neben dem futuristischen kommt auch ein schwankendes Vergnügen gut an: eine Schiffsfahrt auf dem Huangpu (siehe Kapitel „Praktische Hinweise").

DINO BEACH WATER PARK 热带风暴水上乐园 (0) (*🕮 0*)

Wochentags im Sommer ist dieser Wasserpark mit vielen Rutschen, Wellenbad und Planschzonen für die Kleinen zu empfehlen. Hier geht es herrlich nass und turbulent zu. *Variable Öffnungszeiten und Eintrittspreise | Xinzhen Lu* 新镇路 *78 | www.64783333.com*

GONG THEATRE 共舞台

(134 B3) (*🕮 M7*)

Ein multimedialer Straßenfeger ist *Kaleido: Eyes of Shanghai.* Bunt wie ein Kaleidoskop wird eine Zeitreise aufgeführt, mit Elementen aus Akrobatik, asiatischer Kampfsportkunst, Gesang und Tanz. *Tgl. 19.30 Uhr | Eintritt 80–580 Yuan | Yan'an Donglu* 延安东路 *433 (Nähe Xizang Nanlu) | Tel. 021 51099910 | www.era-shanghai.com | M 8 Dashijie*

NIHONG KIDS PLAZA 霓虹儿童广场

(134 A3) (*🕮 M7*)

Unterm Pflaster liegt das Paradies: Plüschbärchen und batteriebetriebene Panzer, die ganze Palette der chinesischen Spielwarenindustrie, dazu Schleifchenblusen und Lokomotivführer-T-Shirts: Was das kindliche Herz begehrt, kauft man auf diesem unterirdischen Markt. *Pu'an Lu 10* 普安路 *| Eingang südlich der Yan'an Lu*

PARKS ZUM AMÜSIEREN

Zum Spielen und Toben geht es in den Park! Im *Lu-Xun-Park* (131 F1) (*🕮 P–Q1*) und im *Fuxing-Park* (133 E4) (*🕮 K8*) sind Spielplätze vorhanden. Für ein paar Yuan werden Kinderbelustigungen angeboten, wie beispielsweise Karussellfahrten. Im weitläufigen *Century Park (tgl. 7–18 Uhr | Eintritt 10 Yuan | Jinxiu Lu 1001 | M 2 Century Park)* (0) (*🕮 0*) gibt es einen großen See zum Bootfahren und

Transrapid und Akrobaten: In Shanghai sind tausend spannende Sachen zu entdecken – und zum Austoben geht es in den Park

mehrere Spielplätze (gesonderter Eintritt) – darunter auch ein Westernfort – sowie Tandems und pedalgetriebene Familienbuggys zum Ausleihen. Ein idealer Ort, um Drachen steigen zu lassen!

SHANGHAI HISTORY MUSEUM

上海市历史博物馆 (135 F3) (Q6)

Im Sockel des Fernsehturms wird Stadtgeschichte anschaulich erzählt: Handwerker- und Händlerstuben, Orte des Vergnügens und des Elends, Szenen aus der Vergangenheit und Shanghais frühere Bewohner sind in diesem sehenswerten Museum fast lebensgroß nachgebildet. Licht- und Geräuscheffekte hauchen ihnen Leben ein. *Tgl. 8–22 Uhr | Eintritt 35 Yuan | Gate 4, Century Avenue (Shiji Dadao)* 世纪大道 *1 | www.historymuseum.sh.cn | M 2 Lujiazui*

SHANGHAI OCEAN AQUARIUM

上海海洋水族馆 (135 E3) (0)

Die Fische aller Länder sind hier vereinigt: im größten Aquarium Asiens. Beeindruckend sind die gefährlichen Haie und die unheimlichen Bewohner der Tiefsee. Anschließend im Century Park ein Boot mieten und einen Schatten im Wasser unter sich erspähen, das hält die Kinder bei Laune. *Tgl. 9–18 Uhr, in den Ferien bis 21 Uhr (letzter Einlass 30 Minuten vorher) | Eintritt 135 Yuan, Kinder 1–1,40 m 90 Yuan | Lujiazui Ring Road* 陆家嘴环路 *1388 | M 2 Lujiazui | www.sh-soa.com/en*

WENN DER HUNGER KOMMT

Kinder sind in Shanghais Restaurants stets Ehrengäste. Entspannt lunchen, während die Kinder im Garten spielen, kann man sonntags ab 13 Uhr in *O'Malleys Irish Pub (S. 79)*. Schön am Flüsschen sitzt man in der *Originality Street (Jinyan Lu | überqueren Sie südlich des Science & Technology Museum die Holzbrücke)* (0) (0), wo sich Kaffee- und Teehäuser und internationale Restaurantketten wie z. B. Hofbräuhaus und Starbucks aneinanderreihen.

EVENTS, FESTE & MEHR

Bunte Feste gibt es in Shanghai zu jeder Jahreszeit: Die Weihnachtsmänner blinken bis zum Frühlingsfest, im Herbst und Winter veranstaltet die Stadt zahlreiche Festivals und Kulturevents.

NATIONALE FEIERTAGE

1. Jan. Neujahr; **Frühlingsfest:** Chinesisch-Neujahr sowie der Tag davor und der Tag danach; **Qingming-Fest:** Totengedenktag, in Schaltjahren und dem Jahr danach am 4., sonst am 5. April; **1. Mai** Tag der Arbeit; **Drachenbootfest** und **Mittherbstfest:** s. „Traditionelle Feste"; **1. Okt.** Nationalfeiertag (sowie zwei Tage danach)

TRADITIONELLE FESTE

Der chinesische Mondkalender bestimmt die Daten, sie variieren von Jahr zu Jahr.

FRÜHLINGSFEST (CHUNJIE)

Zum chinesischen Neujahrsfest ist die Stadt geschmückt. Drachentänze werden aufgeführt, viele Läden und Restaurants haben geschlossen. Gefeiert wird im Familienkreis, mit Feuerwerk und Chinaböllern vertreibt man die bösen Geister des alten Jahres. (10. Feb. 2013, 31. Jan. 2014) Gelage und Knallerei enden am 15. Tag mit dem ▶ ***Laternenfest:*** In den Parks und im Yuyuan-Basar werden bunte Laternen aufgehängt.

DRACHENBOOTFEST (DUANWUJIE)

Chinesische Drachen sind die Herren über das Wasser, und so war dieses Fest ursprünglich ein Ritual, um Hochwasser zu bannen. Heute feiert man am 5. Tag des 5. Mondmonats den Beamten und Dichter Qu Yuan (332–296 v. Chr.), der sich aus Gram über die politischen Verhältnisse ertränkte. Während des Festes wird in Bambusblätter gewickelter Klebreis, *zongzi,* mit Wonne verspeist. (23. Juni 2012, 12. Juni 2013)

MITTHERBSTFEST (ZHONGQIUJIE)

Ehen werden im Himmel geschlossen und auf dem Mond vorbereitet, sagt man in China: Der alte Mann im Mond heißt Yue Lao und führt das große Buch, in dem zukünftige Ehepartner notiert sind. Der Mond leuchtet am 15. Tag des 8. Monats besonders hell. Die Familie kommt zusammen, man isst runde „Mondkuchen" und guckt in den Mond. (30. Sept. 2012, 19. Sept. 2013)

Ob alte oder neue Sitten: In Shanghai wird gefeiert, wann immer es einen Grund zum Dekorieren und Konsumieren gibt

FESTIVALS & SPORT

APRIL

▶ ***Formel 1:*** Spannung beim Autorennen auf dem *Shanghai International Circuit* in Anting (Jiading District). *www.formula1.com*

MAI

▶ ***Spring International Music Festival:*** Traditionelle chinesische und internationale klassische Konzerte mit weltbekannten Musikern

JUNI

▶ ***Shanghai International Film Festival:*** mit Ausstellungen, Retrospektiven und Auftritten internationaler Stars und Regisseure. *www.siff.com*

SEPTEMBER/OKTOBER

▶ ***International Music Fireworks Festival:*** Pyrotechniker aus aller Welt zeigen ihre explosive Kunst zu musikalischen Klängen und Lasereffekten

SEPTEMBER–NOVEMBER

▶ ***International Arts Festival*** *(www.artsbird.com):* Musik, Tanz, Theater, Kunst- und Kulturwochen mit der ▶★ ***Shanghai Biennale*** (alle zwei Jahre, die nächsten: 2012, 2014; *www.shanghaibiennale.com*) als internationaler Plattform für chinesische Künstler

OKTOBER

▶ ***Tourism Festival:*** Folkloristische Umzüge in der grandios illuminierten Stadt. Mit dem *Fengxian Kite Festival* im Kite Flying Yard in der Fengxian Bay Tourist Zone im Süden der Stadt

▶ ***ATP Tennis Masters Cup*** im *Qizhong-Stadion (5500 Yuanjiang Lu, Minhang District). www.shanghairolexmasters.com*

NOVEMBER/DEZEMBER

▶ ***Shanghai Marathon:*** letztes November- oder erstes Dezemberwochenende. *www.shmarathon.com*

ICH WAR SCHON DA!

Drei User aus der MARCO POLO Community verraten ihre Lieblingsplätze und ihre schönsten Erlebnisse

SUZHOU

Während meines Besuchs in Shanghai machte ich einen Tagesausflug nach Suzhou, dem „Venedig Asiens". Ich war gerade auf dem Weg zum Garten Zhuozheng Yuan, als ich die hübsche Ansammlung von Booten gesehen habe. Überall in Suzhou gibt es Kanäle und auch genügend Bootsbesitzer, die Fahrten auf den Kanälen anbieten. Da ich mit einer chinesischen Freundin unterwegs war, haben wir ein kurzes Stück mit einem dieser Boote zurückgelegt. Anschließend besuchten wir den Garten Zhuozheng Yuan, der wirklich sehenswert ist. **ingendoh aus Sonsbeck**

ALTSTADT

An der Altstadt gefällt mir besonders der Kontrast: im Vordergrund die alten Häuser, im Hintergrund die modernen Wolkenkratzer! Super fand ich die Chopstickläden. Man findet eine große Auswahl an einzigartigen, individuellen Essstäbchen in allen Qualitäts- und Preisklassen, die man in Deutschland nirgendwo bekommt! **mein0578 aus Krefeld**

SOUTH BUND FABRIC MARKET

Da ich auf der Suche nach einem Anzug war, ging ich zum *Shanghai South Bund Fabric Market (399 Lujiabang Lu)* – eine der bekanntesten Anlaufstellen für maßgeschneiderte Kleidung. Auf drei Etagen finden sich alle Weltstile für jede Jahreszeit auf kleinstem Raum zusammengefasst. Nicht vergessen: Auch hier ist Handeln oberstes Gebot! **derlors aus Krefeld**

Haben auch Sie etwas Besonderes erlebt oder einen Lieblingsplatz gefunden? Schreiben Sie an unsere SMS-Hotline 0163 6 39 50 20 oder an info@marcopolo.de

EIGENE NOTIZEN

LINKS, BLOGS, APPS & MORE

LINKS

▶ www.shanghai.gov.cn Der Internetauftritt von Shanghais Stadtregierung. Über die oberste Menüleiste geht's zur „English version"; von dort gelangen Sie über „Travel" zu gut gepflegten Seiten mit reichlich Inhalt, darunter aktuelle Nachrichten, Erläuterungen zum öffentlichen Nahverkehr (inklusive einem Metronetzplan), Veranstaltungen, Bars, Restaurants und vielem mehr

▶ www.schanghai.com Der Untertitel lautet zwar allgemein „deutschsprachige China-Plattform", aber der Inhalt hat einen klaren Shanghai-Schwerpunkt. Hier schreiben Shanghai-Deutsche, interessant besonders für alle, die länger als nur für ein paar Tage in der Stadt bleiben

▶ www.urbanatomy.com Das sind die offiziellen Seiten des Stadtmagazins „That's". Nicht alles ist wirklich relevant (manches fällt eher in die Klatschrubrik), aber beispielsweise unter „Bars & Clubs", „Arts & Culture" oder „Events" gibt's topaktuelle Infos

▶ mp.marcopolo.de/sha1 Die Tageszeitung „Shanghai Daily" gibt hier eine Fülle touristischer Infos und dabei alle Adressen auch mit chinesischen Zeichen. „Transport" führt zu den Metrostationen mit Umgebungskarten

▶ www.marcopolo.de/shanghai Interaktive Karten inklusive Planungsfunktion, Impressionen aus der Community, aktuelle News und Angebote ...

BLOGS & FOREN

▶ bloggingcarsten.blogspot.com Schöner Blog mit Fotos von Carsten und Kerstin, die in Shanghai leben und immer mal wieder auf Entdeckungstour gehen

▶ phatsh.com/?tag=shanghai Ein Muss für Leckermäuler! Hier geht's ums Essen. Restaurantadressen gibt es auch auf Chinesisch – sehr löblich

▶ shanghaiist.com Entstanden als Blog, ist daraus eine professionell gestaltete Massenveranstaltung geworden mit vielen Zuträgern und über 200 000 Lesern pro Monat. Ableger gibt's auf Facebook und Twitter

Egal, ob Sie sich vorbereiten auf Ihre Reise oder vor Ort sind: Mit diesen Adressen finden Sie noch mehr Informationen, Videos und Netzwerke, die Ihren Urlaub bereichern. Da manche Adressen extrem lang sind, führt Sie der kürzere mp.marcopolo.de-Code direkt auf die beschriebenen Websites

VIDEOS & STREAMS

▶ www.onedir.com Mehrere Webcams vom Bund sind hier versammelt; dazu gibt's ein paar Shanghai-Videos

▶ mp.marcopolo.de/sha2 Eine große Zahl von englisch betexteten Reise- und Stadtvideos zu Shanghai allgemein wie auch zu besonderen Themen. Manche sind recht witzig

▶ mp.marcopolo.de/sha5 Gut gemachte und informative, deutschsprachige Serie von fünf Videos, gedreht von Ingeborg Koch-Haag.

APPS

▶ Explore Shanghai Der persönliche Begleiter für U-Bahn-Fahrten durch die Metropole. Für jede Stationsumgebung können sich Smartphone-Nutzer den entsprechenden Ausschnitt auch noch auf Google Maps anzeigen lassen. Englischsprachig

▶ Catch Your Bus Shanghai Die passende, englischsprachige Ergänzung fürs ansonsten unüberschaubare Busnetz, erhältlich für iPhone

▶ Shanghai Metro Map Kleine Gratisanwendung für Androidgeräte – leistet, was der Titel sagt. Entsprechendes fürs Windows-Telefon: *Shanghai Metro for WP7*

▶ Shanghai WOW! City Guide Englischer Stadtführer fürs Smartphone, gratis

NETWORK

▶ forum.virtualtourist.com Viel genutzte Plattform, das heißt, dass man auf seine (englisch gestellte) Frage gewöhnlich auch rasch eine Antwort erhält

▶ mp.marcopolo.de/sha3 Restaurant- und Hotelkritiken, Aktivitäten – die Infos in verschiedenen Sprachen sind vielfältig und oft nützlich für die Reiseplanung

▶ twitter.com/#!/ThatsShanghai Der Twitter-Feed des Stadtmagazins „That's" informiert tagesaktuell über Ausgehtipps, Sportevents und Ticketverlosungen, daneben gibt es Links zu Podcasts und allerlei Kuriositäten

▶ mp.marcopolo.de/sha4 Englischsprachiges Netzwerk zu vielen Themen. Auch wenn der Fokus auf Inhalten liegt, die für ortsansässige Ausländer wichtig sind, findet sich doch auch manch touristisch Interessantes

PRAKTISCHE HINWEISE

ANREISE

Direktflüge gibt es mit Lufthansa, Air China und China Eastern ab Frankfurt am Main und München, mit China Eastern auch ab Hamburg. Ab Wien und Zürich fliegt Air China, ab Zürich auch Swiss Air nonstop nach Shanghai. Die Flugdauer beträgt ca. 12 Stunden. Flüge werden ab ca. 550 Euro angeboten.

Alle internationalen Flüge enden auf dem Flughafen Pudong (PVG) rund 40 km östlich des Stadtzentrums. Infos zum Flughafen und zur Anbindung an die Stadt gibt es unter *www.shanghaiairport.com* (oder Sie fragen am Serviceschalter nach dem Faltblatt *Traffic Guide*). In die Stadt gelangt man mit der Metrolinie M 2, mit dem Taxi *(ca. 200 Yuan | Taxameter einschalten lassen!)* – folgen Sie den Hinweisschildern zum Taxistand, gehen Sie nicht mit Schleppern mit! –, mit den Airport-Shuttlebussen *(2–30 Yuan | tgl. 6–23 Uhr | Abfahrt vor den Ausgängen der Terminals zu Metrostationen und Hotels)* oder per Maglev (Transrapid) in acht Minuten zur Metrostation M 2 Longyang Road *(einfache Fahrt 50 Yuan, mit Flugticket vom selben Tag 40 Yuan | tgl. 6.45–21.42 Uhr | 431 km/h Höchstgeschwindigkeit nur von 6.45 bis 17.51 Uhr)*.

Die meisten innerchinesischen Flüge werden am Flughafen Hongqiao (SHA) im Westen der Stadt abgewickelt. Der neue Terminal 2 hat Anschluss an die Metrolinien M 2 und M 10 und an den Schnellzugbahnhof. Chartern Sie ein Taxi nur am Taxistand. Busse nach Pudong oder in die Stadt fahren vor dem Ausgang ab.

Kommt man am Hauptbahnhof **(130 A3)** *(L2)* an, folgt man den Schildern zum Taxistand unter dem Vorplatz. Links vom Südausgang liegen die Eingänge zur Metro M 1, der Nordausgang führt zu den S-Bahn-Linien M 3 und M 4. Der Südbahnhof ist an die Metrolinien M 1 und M 3 angebunden, Taxistände sind ausgeschildert. Schnellzüge von Nanjing und Peking kommen am neuen Schnellzugbahnhof am Hongqiao Airport an, der bis 2030 weiter ausgebaut wird.

GRÜN & FAIR REISEN

Auf Reisen können auch Sie mit einfachen Mitteln viel bewirken. Behalten Sie nicht nur die CO_2-Bilanz für Hin- und Rückflug im Hinterkopf *(www.atmosfair.de)*, sondern achten und schützen Sie auch nachhaltig Natur und Kultur im Reiseland *(www.gate-tourismus.de; www.zukunft-reisen.de; www.ecotrans.de)*. Gerade als Tourist ist es wichtig, auf Aspekte zu achten wie Naturschutz *(www.nabu.de; www.wwf.de)*, regionale Produkte, Fahrradfahren (statt Autofahren), Wassersparen und vieles mehr. Wenn Sie mehr über ökologischen Tourismus erfahren wollen: europaweit *www.oete.de*; weltweit *www.germanwatch.org*

AUSKUNFT VOR DER REISE

CHINESISCHES FREMDENVERKEHRSAMT

– *Ilkenhansstr. 6 | 60433 Frankfurt am Main | Tel. 069 52 01 35 | www.fac.de*

– *Brandschenkestrasse 178 | 8002 Zürich | Tel. 044 2 01 88 77 | www.chinatourism.ch*

Von Anreise bis Zoll

Urlaub von Anfang bis Ende: die wichtigsten Adressen und Informationen für Ihre Shanghai-Reise

Auf *www.shanghai.diplo.de* gibt es unter „Informationen für deutsche Staatsangehörige" wichtige Merkblätter zum Verhalten in Notfällen (Verlust von Geld und Reisepass, Unfall) und ein medizinisches Notfallformular in Englisch/Chinesisch.

AUSKUNFT IN SHANGHAI

SHANGHAI CALL CENTER

Die Hotline *021 96 22 88* bietet kostenfrei rund um die Uhr englischsprachige Auskünfte zu allem Wissenswerten in Shanghai, z. B. zu Adressen und Verkehrsmitteln. Auch Theaterkarten kann man unter dieser Nummer bestellen. Große Hilfe: Übersetzung von englischen Adressangaben ins Chinesische – einfach im Taxi das Handy an den Taxifahrer weiterreichen! *www.962288.com*

TOURIST INFORMATION & SERVICE CENTER

Touristeninformationen gibt es in den Metrostationen *Railway Station South Exit* (Hauptbahnhof), *People's Square* und am *Hongqiao-Flughafen.* Weitere: *Jiujiaochang Lu 149* (134 C4) (*🗺 N7*) | *Nanjing Xilu 1612* (132 B2) (*🗺 H6*) | *Nanjing Donglu 561* (134 B2) (*🗺 M6*).

BANKEN & GELDWECHSEL

Die meisten Geldautomaten akzeptieren Maestro- (EC-) und gängige Kreditkarten. Je nach Karte und Bank ist der Betrag auf 1500 bis 3000 Yuan pro Tag begrenzt. Am Flughafen Pudong kann man Geld gleich nach der Passkontrolle bekommen, Automaten stehen in der Gepäckhalle. Mit Kreditkarten kann man in allen besseren Hotels und Kaufhäusern und einigen Restaurants bezahlen. Geld und Reiseschecks können Sie in jeder Bank wechseln (einheitlicher Kurs, Rücktausch nur mit Quittung und Pass). Banken haben unterschiedliche Öffnungszeiten (Kernzeit 9–16.30 Uhr).

WAS KOSTET WIE VIEL?

Kaffee	ab 1,80 Euro *für eine Tasse im Café*
Bier	ab 2 Euro *für ein Glas in der Kneipe*
Suppe	1–2 Euro *für eine Nudelsuppe im kleinen Lokal*
Seide	ab 3–4 Euro *für Meterware auf dem Stoffmarkt*
Taxi	1–3 Euro *für eine Innenstadtfahrt*
Regenschirm	1–2 Euro *für einen Schirm beim Straßenhändler*

DIPLOMATISCHE VERTRETUNGEN

DEUTSCHES KONSULAT

(132 A4) (*🗺 F–G8*)
Yongfu Lu 181 | Tel. 021 34 01 01 06 | www.shanghai.diplo.de

ÖSTERREICHISCHES KONSULAT

(132 B4) (*🗺 G8*)
Huaihai Zhonglu 1375 | Qi Hua Tower, 3/F Nr. 3a | Tel. 021 64 74 02 68 | www.bmeia.gv.at/botschaft/gk-shanghai.html

SCHWEIZER KONSULAT (0) *(Ⓜ 0)*
Xianxia Lu 319 | Far East International Plaza, Building A, 22/F | Tel. 021 62 70 05 19 | www.eda.admin.ch/shanghai

EINREISE

Für die Einreise nach China benötigen Sie einen mindestens sechs Monate gültigen Reisepass und ein Visum (Infos und Anträge unter *www.china-botschaft.de*). Anträge müssen persönlich oder durch einen Vertreter bei einer diplomatischen Vertretung Chinas eingereicht und abgeholt werden. Die Bearbeitung dauert meist vier Arbeitstage. Visumerteilende Stellen:

DEUTSCHLAND

– *Botschaft der VR China | Konsularabt.: Brückenstr. 10 | 10179 Berlin | Tel. 030 27 58 85 72*
– *Generalkonsulate der VR China: Mainzer Landstr. 175 | 60326 Frankfurt am Main | Tel. 069 75 08 55 34; Elbchaussee 268 | 22605 Hamburg | Tel. 040 82 27 60 18; Romanstr. 107 | 80639 München | Tel. 089 17 30 16 12*

ÖSTERREICH

– *Botschaft der VR China | Neulinggasse 29-1-11 | 1030 Wien | Konsularabt.: Tel. 01 710 36 48 | www.chinaembassy.at*

SCHWEIZ

– *Botschaft der VR China | Kalcheggweg 10 | 3006 Bern | Konsularabt.: Tel. 031 3 51 45 93 | www.china-embassy.ch*
– *Generalkonsulat der VR China | Bellariastrasse 20 | 8002 Zürich | Konsularabt.: Tel. 044 2 01 10 05*

GESUNDHEIT

Leitungswasser ist kein Trinkwasser, man kann es aber zum Zähneputzen nehmen. Impfungen sind nicht vorgeschrieben. Schutz gegen Tetanus, Polio, Diphtherie, Typhus und Hepatitis A ist jedoch empfehlenswert (Infos: *www.fit-for-travel.de*), ebenso wie eine Reisekrankenversicherung mit Rücktransport. Ärztliche Behandlung muss direkt bezahlt werden, Kliniken akzeptieren keine Kreditkarten.
Krankenhaus mit 24-Std.-Notaufnahme: *Hua Shan Hospital | Huashan Worldwide Medical Centre | Wulumuqi Zhonglu 12 | Tel. 021 62 48 99 99-25 31 | www.sh-hwmc.com.cn* (132 A3) *(Ⓜ G7)*; Ausländerabteilung in Bldg. 1, 8/F (tgl. 8–22 Uhr); nächtliche Notfälle werden im Blue Building (Nr. 6, 15/F) behandelt.
Arzt/Zahnarzt: *Parkway Health Medical Centres | Nanjing Xilu 1376 (im Shanghai Centre) | Tel. 021 64 45 59 99 | www.parkwayhealth.cn* (132 C1) *(Ⓜ J5)*. Dort gibt es auch eine Apotheke *(Nr. 206 | tgl. 9–21 Uhr)* mit Englisch sprechendem Personal und westlichen Medikamenten.

INTERNETZUGANG

Surfen können Sie in den zahlreichen Internetbars, in der *Shanghai Library (Mo–Sa 9–17 Uhr | Huaihai Lu 1555 | Reisepass erforderlich)* (132 A4) *(Ⓜ G8)* und in den Businesscentern der Hotels. Die meisten Hotels und viele Cafés bieten gratis WLAN-Verbindungen an.

KLIMA & REISEZEIT

Die besten Reisezeiten sind Frühjahr (März–Mai) und Herbst (Okt.–Nov.). Bei den Temperaturen schwanken die Spitzenwerte im Jahreszyklus zwischen minus 5 Grad im Winter und plus 40 Grad im Sommer. Im Winter kann es wegen der hohen Luftfeuchtigkeit empfindlich kalt werden. Auch der Frühling kann wegen rauer Seewinde recht unfreundlich sein; im März und April gehören ein warmer Pullover und eine dicke Jacke in den

Koffer. Im Sommer ist es oft unerträglich schwül und heiß, man braucht aber stets eine leichte Jacke gegen die eisige Kälte aus den Klimaanlagen.

NOTRUF

Ambulanz *Tel. 120 (chinesisch)*
Feuerwehr *Tel. 119 (chinesisch)*
Polizei *Tel. 110 (fragen Sie nach „English Operator")*

ÖFFENTLICHE VERKEHRSMITTEL

Ausflugsbusse: Terminal am *Shanghai-Stadion | Tianyaoqiao Lu 666, Gate 5 | Tel. 021 64 26 55 55 | M 4 Shanghai Stadium (0) (E12).* Grüne Touristenbusse fahren tgl. von 6.30 Uhr bis nachmittags Ausflugsziele in Shanghai und Umgebung an. Tickets können direkt vor Fahrtantritt gelöst werden.

Bahn: Bahnfahren ist sehr günstig. Fahrkarten mit Sitzplatzreservierung – *hard seater* (2. Klasse) bzw. *soft seater* (1. Klasse) – kann man am Bahnhof kaufen, gegen Aufpreis im Hotel bestellen oder (spätestens zwei Tage vor Reiseantritt) in einem der vielen *Train Ticket Booking Offices* gegen eine Gebühr von 5 Yuan buchen. Am Bahnhof kann man nur einfache Fahrten lösen und benötigt eine Zielangabe in chinesischen Zeichen.

Bus: Busfahren ist sehr billig (1–5 Yuan), ohne Chinesischkenntnisse aber nicht zu empfehlen. Ausnahme: die *Buslinie 911,* die auf der Strecke Hongqiao Lu–Huaihai Lu–Renmin Lu verkehrt.

Metro: Das Metronetz ist sehr gut ausgebaut. Eingänge erkennt man an einem roten „M" auf weißem Grund. Tickets (3–8 Yuan) sind an Automaten erhältlich, die auch eine englische Menüführung haben. Es empfiehlt sich der Erwerb von IC-Karten *(Shanghai Public Transportation Card,* an allen *Service Points* in den Metrostationen und an Automaten aufladbar, 20 Yuan Pfand*)*, mit denen man bargeldlos in Metro, Taxi und Bus bezahlen kann. Die Stationen werden auf Englisch angesagt und sind auch lateinisch beschriftet; Zusätze werden auf Plänen und Schildern abgekürzt: North (N), South (S), East (E), West (W). Metrobetrieb ist von 5 Uhr morgens bis ca. 23 Uhr. In den Stationen gibt es Aufzüge und meist auch saubere Toiletten. Den Metroplan finden Sie im hinteren Umschlag dieses Bandes. Wenn in fußläufiger Entfernung einer Adresse eine Station liegt, wird diese im Band genannt.

WÄHRUNGSRECHNER

€	CNY	CNY	€
10	88,07	100	11,32
20	176,15	200	22,64
30	264,23	300	33,96
40	352,30	400	45,29
50	440,38	500	56,61
60	528,45	600	67,93
70	616,53	700	79,25
80	704,60	800	90,57
90	792,68	900	101,89

POST

Es gibt viele Postämter (dort auch Kartons zum Versenden). Am einfachsten ist es, die Post in den Hotels aufzugeben. Luftpostbriefe nach Europa sind etwa eine Woche unterwegs.

PREISE & WÄHRUNG

Die chinesische Währung ist der Renminbi (RMB). Die Währungseinheit ist der Yuan (in Kurstabellen auch CNY), unterteilt in 10 Jiao (auch Mao). Die größte Banknote ist der Hunderter. Der Wechselkurs des Yuan ist an den US-Dollar gekoppelt. Die Preis- und Einkommensspannen in Shanghai sind enorm. Allgemein günstig sind Essen, Taxifahren und Kleidung.

STADTTOUREN

Stadtrundfahrten: Die staatliche Agentur *Jinjiang Tours* bietet halb- und ganztägige Rundfahrten mit Besichtigungen an (250 bzw. 400 Yuan, Buchung einen Tag vorher erforderlich). Abfahrt ist an großen Hotels; wer eine Taxiquittung vorlegt, bekommt die Fahrtkosten dorthin erstattet. Gegen Vorlage eines offiziellen Stadtplans (liegt gratis z. B. am Flughafen aus) gibt es 50 Yuan Nachlass auf die Buchung. *Tgl. 7–19 Uhr | Changle Lu 191/ Ecke Maoming Lu | Tel. 021 64 45 95 25 | www.chinacityex.com* (133 D3) (*🕮 J–K7*)

Hafenrundfahrten: Ausflugsschiffe liegen am Bund in Höhe der Yan'an Donglu (135 D4) (*🕮 O7*). Es gibt dreistündige Fahrten bis zum Jangtse-Delta (morgens, nachmittags), ein- und zweistündige Touren und Abendfahrten (35–100 Yuan). *www.china-cruise.com/huangpu.htm*

Stadtrundgänge: Auf *www.shanghai-flaneur.com* können Sie Touren zu speziellen Themen buchen (z. B. Architektur oder Geschichte, auch in deutscher Sprache).

STROM

220 V bei 50 Hz. Steckdosen in den Hotels sind so konstruiert, dass meist auch die deutschen Zweipolstecker passen.

TAXI

Taxis sind nur in den morgendlichen und abendlichen Stoßzeiten sowie bei Regen

WETTER IN SHANGHAI

	Jan.	Feb.	März	April	Mai	Juni	Juli	Aug.	Sept.	Okt.	Nov.	Dez.
Tagestemperaturen in °C	8	8	13	19	24	28	32	32	27	23	17	10
Nachttemperaturen in °C	–1	0	4	9	14	19	23	23	19	13	7	2
Sonnenschein Stunden/Tag	4	4	4	5	5	5	7	8	5	6	5	4
Niederschlag Tage/Monat	8	8	9	9	9	11	9	9	9	8	7	6

schwer zu bekommen. Anschnallgurte gibt es meist nur vorn. Taxis haben eine Registriernummer und eine Personalkarte mit Foto am Armaturenbrett und fahren mit Taxameter. Der Grundpreis für die ersten 3 km beträgt 12 Yuan, jeder weitere Kilometer kostet 2,40 Yuan, ab 10 km 3,60 Yuan. Nachtfahrten (23–5 Uhr) kosten ab 16 Yuan. Eines der größten Unternehmen ist *Dazhong (Tel. 021 96822 | türkisfarbene Taxis). Shanghai Taxi Agency Hotline Tel. 021 12319*

TELEFON & HANDY

In fast allen Hotels kann man vom Zimmer aus direkt nach Deutschland telefonieren, allerdings zu hohen Kosten. Bei Benutzung eines deutschen Handys fallen ebenfalls hohe Roaminggebühren an. Wer in China oft mobil telefonieren will, sollte sich eine SIM-Karte kaufen (in jedem China-Mobile-Shop und am Kiosk, ab 50 Yuan); klären Sie aber zuvor, ob Ihr Handy nicht für andere SIM-Karten gesperrt ist. Telefonkarten werden auch auf der Straße angeboten. IC-Karten (*Integrated Circuit,* für 20, 50 und 100 Yuan) sind die Karten für öffentliche Fernsprecher. Günstig ins Ausland telefonieren kann man mit IP-Karten *(Internet Phonecard)* von privaten Telefonen aus, in einigen Hotels und an öffentlichen Fernsprechern, die nicht Kartentelefone sind (einfach die angegebene Telefonnummer wählen und den Instruktionen folgen).

Bei Anrufen aus dem Ausland wählt man nach Shanghai +86 21, nach Hangzhou +86 571 und nach Suzhou +86 512, innerhalb Chinas die Ortsvorwahl (Shanghai 021, Hangzhou 0571, Suzhou 0512) und die Teilnehmernummer. Nach Deutschland wählt man +49, nach Österreich +43, in die Schweiz +41, dann die Ortsvorwahl ohne 0 und die Teilnehmernummer. Telefonauskunft in Shanghai: 114

TRINKGELD

Trinkgeld wird in China nicht erwartet. Ausnahmen: Reiseleiter und Pagen in Luxushotels. Taxifahrer freuen sich, wenn Sie die Summe aufrunden.

ZEIT

China ist Mitteleuropa im Winter um sieben Stunden, während der europäischen Sommerzeit um sechs Stunden voraus.

ZEITUNGEN & VERANSTALTUNGEN

Die englischsprachige Zeitung „Shanghai Daily" *(www.shanghaidaily.com)* erscheint täglich, der „Shanghai Star" *(www.shanghai-star.com.cn)* wöchentlich; beide kündigen kulturelle Events an. Veranstaltungshinweise und Adressen stehen auch im monatlich erscheinenden Stadtmagazin „That's" *(www.urbanatomy.com).* Weitere Magazine mit Veranstaltungshinweisen sind „City Weekend" und „Shanghai Talk".

ZOLL

Zollfrei eingeführt werden dürfen 400 Zigaretten, zwei Flaschen Spirituosen (je 750 ml) und Devisen im Wert von bis zu 5000 US-Dollar sowie bis zu 6000 Yuan. Diese Summen dürfen auch ausgeführt werden. Gegenstände des kulturellen Erbes (Antiquitäten) müssen mit dem roten Siegel zur Ausfuhr freigegeben sein. Zollfreie Mengen bei Einreise in die EU und die Schweiz: u. a. 200 Zigaretten oder 50 Zigarren oder 250 g Tabak, 1 l Spirituosen mit über oder 2 l alkoholische Getränke mit bis zu 22 (Schweiz: 15) Volumenprozent Alkoholgehalt und andere Waren im Wert von bis zu 430 Euro (300 Schweizer Franken). *www.zoll.de*

SPRACHFÜHRER CHINESISCH

AUSSPRACHE

Die wichtigsten Besonderheiten der Standardumschrift (linke Spalte, kursiv) und wie wir sie im Sprachführer wiedergeben.

ao wie au. Wir schreiben au.
c wie tz in „Platz." Wir schreiben ts.
ei wie eh in „Weh". Wir schreiben eh.
ch wie tsch in „deutsch". Wir schreiben tsch.
i nach c, ch, r, s, sh, z, zh: verlängert nur den Anlaut, stimmhaft. Wir schreiben i.
j wie dj in „Django". Wir schreiben dj.
h wie ch in „ach". Wir schreiben h.
q wie tch in „Lottchen". Wir schreiben tj.
r am Silbenanfang wie g in „Genie", sonst wie englisches r. Wir schreiben r.
s wie ß. Wir schreiben ss.
sh wie sch. Wir schreiben sch.
x wie ch in „ich". Wir schreiben ch.
z wie s in „Sonne" mit einem d davor. Wir schreiben ds.
zh wie dsch in „Dschungel". Wir schreiben dsch.

Bitte beachten: Doppel- und Dreifachvokale sind nicht getrennt, sondern in eins zu sprechen, so ist z. B. „schuang" oder „liau" jeweils nur eine Silbe.

Die vier verschiedenen Silbenakzente in der chinesischen Hochsprache sind nicht in jedem Fall zum Verständnis wichtig. Falls Sie es dennoch probieren wollen:

– 1. Ton: gleichbleibend hoch
´ 2. Ton: ansteigend
ˇ 3. Ton: absinkend-ansteigend
` 4. Ton: fallend

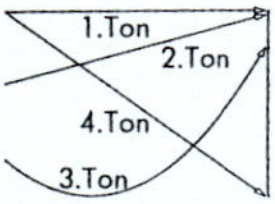

hohe Tonlage

tiefe Tonlage

AUF EINEN BLICK

Ja, richtig./Ja, einverstanden.	对．/好．[duèh/hǎu]
Nein, falsch./Nein, nicht einverstanden.	不对．/不好．[bú duèh/bù hǎu]
Vielleicht.	可能．[kö-néng]
Danke./Nichts zu danken!	谢谢．/不谢．[chìächiä/bú chìä]
Ich bitte darum.	请．[tjǐng]
Entschuldigen Sie!	对不起！[duèh-bu-tjǐ]
Darf ich ...?	可以 ... 吗？ [kö-ǐh ma]

你会说汉语吗？

„Sprichst du Chinesisch?" Dieser Sprachführer hilft Ihnen, die wichtigsten Wörter und Sätze auf Chinesisch zu sagen

Wie bitte?	请再说一遍. [tjǐng dsài schuō íh-bjèn]
Ich möchte .../Haben Sie ...?	我要 .../有没有 ...？ [uǒ jàu/jǒu méh jǒu]
Wie viel kostet ...?	多少钱？[duō schǎu tjén]
Das gefällt mir (nicht).	我喜欢./我不喜欢. [uǒ chǐ huān/uǒ bù chǐ huān]
gut/schlecht	好/不好 [hǎu/bù hǎu]
kaputt/geht nicht	怀了/不行 [huàile/bù chíng]
zu viel/viel/wenig	太多/很多/一点 [tài duō/hěn duō/ìh-diān]
alles/will nichts	全部/都不要 [tjüánbù/dōu bú jàu]
Hilfe!/Achtung!/Vorsicht!	救命！/注意！/小心！ [djòu mìng/dschù-ìh/chiǎuchīn]
Krankenwagen	救护车 [djòu-hù tschö]
Polizei/Feuerwehr	警察/消防队 [djǐng-tschá/chiāu-fáng duèh]
Verbot/verboten	禁止 [djìn-dschǐ]
Gefahr/gefährlich	危险 [uēh-chiǎn]
Darf ich Sie/hier fotografieren?	可以照相吗？ [kö-ǐh dschàu-chiāng ma]

BEGRÜSSUNG & ABSCHIED

Guten Morgen!/Tag!	早上好！/你好！[dsǎuschang hǎu/nǐ hǎu]
Gute(n) Abend!/Nacht!	晚上好！/晚安！[uǎnschang hǎu/uǎn ān]
Hallo! (Begrüßung)	你好！[nǐ hǎu]
Hallo! (Anruf)	喂！[uēh]
Auf Wiedersehen!/Tschüss!	再见！[dsài djèn]
Ich heiße ...	我叫 ... [uǒ djàu]
Wie heißen Sie?	你貴姓? [nǐ guèh chìng]
Ich bin	我是 [uǒ schì]
... Deutscher	... 德国人 [Döguó rén]
... Österreicher	... 奥地利人 [Audìlì rén]
... Schweizer	... 瑞士人 [Ruèhschi rén]

DATUMS- & ZEITANGABEN

Montag/Dienstag	星期一/星期二 [chīngtji-īh/chīngtji-èr]
Mittwoch/Donnerstag	星期三/星期四 [chīngtji-ssān/chīngtji-ssì]
Freitag/Samstag	星期五/星期六 [chīngtji-ǔh/chīngtji-liòu]
Sonntag/Werktag	星期天/工作日 [chīngtji-tiān/gūngdsuò-rì]
Feiertag	假日 [djà-rì]

heute/morgen/gestern	今天/明天/昨天 [djīn-tiān/míng-tiān/dsuó-tiān]
Stunde/Minute	小时/分钟 [chiǎu-schi/fēn-dschūng]
Tag/Nacht/Woche	白天/晚上/星期 [bái-tiān/uǎn-schang/chīngtji]
Monat/Jahr	月/年 [jǜä/njén]
Wie viel Uhr ist es?	几点钟? [djǐ-diän dschūng]
drei Uhr	三点 [ssān diän]
halb vier	三点半 [ssān diän bàn]
viertel vor vier	四点差一刻 [ssì diän tschá īh-kö]
viertel nach vier	四点一刻 [ssì diän īh-kö]

UNTERWEGS

offen/geschlossen	开放，营业中/关闭 [kāi-fàng, jíngjäh-dschūng/guān-bì]
Eingang/Einfahrt	入口 [rù-kǒu]
Ausgang/Ausfahrt	出口 [tschū-kǒu]
Abfahrt/Abflug/Ankunft	开车/起飞/到达 [kāi-tschö/tjǐ-fēh/dàudá]
Toiletten/Damen/Herren	洗手间/女/男 [chíschǒu-djēn/nǚ/nán]
(kein) Trinkwasser	(非) 饮用水 [(fēh)jǐnjùng schuěh]
Wo ist ...? / Wo sind ...?	. . . 在那里? [dsài nǎli]
links/rechts	左/右 [dsuǒ/jòu]
geradeaus/zurück	一直走/回去 [īh-dschí dsǒu/huéh-tjǜ]
nah/weit	远/近 [jüǎn/djìn]
Bus/Haltestelle	公共汽车/车站 [gūnggùng tjì-tschö/tschö-dschàn]
U-Bahn/Taxi	地铁/出租车 [dì-tiä/tschū-dsū tschö]
Stadtplan/(Land-)Karte	地图 [dìtú]
Bahnhof/Schiffsanleger/Hafen	火车站/码头/港口 [huǒ-tschö dschàn/mǎtou/gǎngkǒu]
Flughafen	机场 [djī-tschǎng]
Fahrplan/Fahrschein	时刻表/车票 [schí-kö biǎu/tschö-piàu]
einfach/hin und zurück	单程/往返 [dān-tschöng/uǎng-fǎn]
Zugnummer/Bahnsteig	车次/站台 [tschö-tsì/dschàntái]
Ich möchte ein Fahrrad mieten.	我想租自行车. [uǒ chiǎng dsū dsì-chíng tschö]

ESSEN & TRINKEN

Reservieren Sie uns bitte für heute Abend einen Tisch für vier Personen.	我们今天晚上订四个人的位置. [uǒmen djīntiän uǎnschang dìng ssì-gö rén dö uèh-dschi]
auf der Terrasse	在外面 [dsài uàimian]

am Fenster	靠近窗户 [kàu-djīn tschuānghu]
Die Speisekarte, bitte.	请来菜单. [tjǐng lái tsài-dān]
Bitte bringen Sie ...	請來 . . . [tjǐng lái]
eine Flasche/eine Dose/ ein Glas	一瓶/一听/一杯 [īh píng/īh tīng/īh bēh]
Messer/Gabel	刀子/叉子 [dāudsi/tschādsi]
Löffel/Essstäbchen	调羹/筷子 [tiáugōng/kuàidsi]
Salz/Pfeffer/Zucker	盐/胡椒粉/糖 [jän/hú-djāu-fěn/táng]
Essig/Sojasauce	醋/酱油 [tsù/djàngjóu]
Milch/Zitrone	牛奶/柠檬 [niúnǎi/níngmeng]
kalt geworden/versalzen/ nicht gar	冷了/太咸/不熟 [lönglе/tài chiän/bù schú]
heiß/kalt/gekühlt (Getränk)	热的/冷的/冰的 [rèdö/löngdö/bīngdö]
mit/ohne Eis	加冰块/不加冰块 [djā bīngkuài/bù djā bīngkuài]
mit/ohne Kohlensäure	带气的/不带气的 [dāi-tjì-dö/bú dài-tjì-dö]
Vegetarier(in)/Allergie	素食者/过敏 [ssù-schí-dschö/guò-mǐn]
Die Rechnung, bitte.	买单. [mǎidān]
Quittung	发票 [fāpiàu]

EINKAUFEN

Wo finde ich ...?	. . . 在那里? [dsài nǎli]
Brennen Sie Fotos auf CD?	可以把照片烧录CD吗? [kö-ǐh bǎ dschàupjèn schāulù ssi-di ma]
Apotheke/Bäckerei	药房/面包店 [jàufáng/mjènbāu diàn]
Gemüsemarkt	菜市 [tsài-schì]
Einkaufszentrum/Kaufhaus	购物中心/百货店 [gōu-ùh dschūngchīn/bǎihuò diän]
Lebensmittelgeschäft	食品店 [schípǐn diän]
Supermarkt	超级市场 [tscháudji schìchǎng]
Fotoartikel/Zeitungsladen	摄影器材店/書報亭 [schöjǐng tjìtsái diän/ schūbàu tíng]
50 Gramm/1 Pfund	一两/一斤 [īh-liǎng/īh-djīn]
100 Gramm/1 Kilo	一百克/一公斤 [īh-bǎi kö/īh gūngdjīn]
teuer/billig/Preis	很贵/很便宜/价钱 [hěn guèh/hěn pián-ih/ djà-tjén]
mehr/weniger	多/少 [duō/schǎu]

ÜBERNACHTEN

Ich habe ein Zimmer reserviert.	我预定了房间. [uǒ jǘdìngle fángdjēn]

Haben Sie noch ein Zimmer frei?	还有房间吗？ [hái jǒu fángdjēn ma]
Mit Frühstück?	包括早餐吗? [bāukuò dsǎutsān ma]
zur Straße/mit Meerblick	朝马路/有海景 [tscháu mǎlù/jǒu hǎidjǐng]
mit Seeblick/Flussblick	有湖景/河景 [jǒu húdjǐng/hödjǐng]
Bad	浴室 [jǜschì]
Balkon/Terrasse	阳台 [jángtái]
Schlüssel/Zimmerkarte	钥匙/房卡 [jàuschi/fángkǎ]
Gepäck/Koffer/Tasche	行李/箱子/包 [chínglǐ/chiāngdsi/bāu]

BANKEN & GELD

Bank/Geldautomat	银行/取款机 [jín háng/tjü-kuǎn djī]
Geheimzahl	密码 [mìma]
Ich möchte ... Euro wechseln.	请给我兑换 ... 欧元. [tjǐng gěh uǒ duèh-huàn ... ōu jüán]
Bargeld/Maestro-Karte/ Kreditkarte	现金/借记卡/刷卡 [chiän-djīn/djädjì kǎ/ schuā-kǎ]
Banknote/Münze	钞票/硬币 [tschāu-piàu/jìng bì]
Kleingeld/Wechselgeld	零钱 [líng tjén]

GESUNDHEIT

Arzt/Zahnarzt/Kinderarzt	医生/牙医/儿科医生 [īh-schöng/já-īh/ örkö īh-schöng]
Krankenhaus	医院 [īh-jüàn]
Fieber/Schmerzen	发烧/痛 [fāschāu/tūng]
Durchfall/Übelkeit	拉肚子/杜子不舒服 [lā dùdsi/dùdsi bù schūfu]
Sonnenbrand	晒伤 [schàischāng]
entzündet/verletzt	发炎了/受伤 [fājänle/schòuschāng]
Pflaster/Verband	胶布/敷布 [djāu-bù/fū-bù]
Salbe/Creme	药膏/膏 [jàu-gāu/gāu]
Schmerzmittel/Tablette	止痛药/药片 [dschǐ-tūng jàu/jàu-pjèn]
Zäpfchen	栓剂 [schuāndjì]

TELEKOMMUNIKATION & MEDIEN

Briefmarke/Brief	邮票/信 [jōupiàu/chìn]
(Ansichts-)Postkarte	明信片 [míngchìn-pjèn]
Ich möchte eine Telefonkarte fürs Festnetz.	我要一张IC卡. [uǒ jàu īh-dschāng ai-ssi-kǎ]
Ich möchte eine SIM-Karte.	我要储值卡. [uǒ jàu tschǚdschí-kǎ]

Wo finde ich einen Internetzugang?	在哪里可以上网？ [dsài năli kö-ĭh schàng-uăng]
Welche Ortsnetzvorwahl hat ...?	... 区号多少？ [tjǖ-hàu duō-schău]
wählen/keine Verbindung/besetzt	拨/打不通/占线 [bó/dă bù tūng/dschàn chiän]
Steckdose/Adapter/Ladegerät	插箱/适配器/变压器 [tschā-chiāng/schìpèh-tjì/bjèn-jā tjì]
Computer/Batterie/Akku	电脑/电池/电池 [diännău/diän-tschí/diän-tschí]
@-Zeichen	小老鼠 [chiău lăuschŭ]
Internetadresse (URL)	网址 [uăng-dschĭ]
E-Mail-Adresse	电子邮箱 [diändsi jóuchiāng]
Internetanschluss/WLAN	网线/无线局域网 [uăngchiän/úh-chiän djǘjǜ uăng]
E-Mail/Datei ausdrucken	打印电子信/打印文件 [dăjìn diändsi chìn/dăjìn uöndjèn]

FREIZEIT, SPORT & STRAND

Strand/Strandbad	海滩/海水浴场 [hăi-tān/hăi-schuĕh jǜ-tschăng]
Sonnenschirm/Liegestuhl	阳伞/沙滩椅 [jáng-ssăn/schātān-ĭh]
Ebbe/Flut/Strömung	高潮/低潮/巨流 [gāutscháu/dītschάu/jǜlióu]
Standseilbahn/Seilbahn	缆车/索道 [lăntschö/suŏdàu]

ZAHLEN

0	零 [líng]	15	十五 [schí-ŭh]
1	一 [īh]	16	十六 [schí-liòu]
2	二 [ör]	17	十七 [schí-tjī]
zwei Exemplare	两个 [liăng-gö]	18	十八 [schí-bā]
3	三 [ssān]	19	十九 [schí-djŏu]
4	四 [ssì]	70	七十 [tjī-schí]
5	五 [ŭh]	80	八十 [bā-schí]
6	六 [liòu]	90	九十 [djŏu-schí]
7	七 [tjī]	100	一百 [īh-băi]
8	八 [bā]	200	二百 [ör-băi]
9	九 [djŏu]	1000	一千 [īh-tjén]
10	十 [schí]	2000	两千 [liăng-tjén]
11	十一 [schí-īh]	10000	一万 [īh-uàn]
12	十二 [schí-ör]	1/2	一半 [íh-bàn]
13	十三 [schí-ssān]	1/4	四分之一 [ssì-fön dschi īh]
14	十四 [schí-ssì]		

CITYATLAS

Die grüne Linie ▬ zeichnet den Verlauf der Stadtspaziergänge nach

Der Gesamtverlauf dieser Spaziergänge ist auch in der herausnehmbaren Faltkarte eingetragen

Bild: People's Square

Unterwegs in Shanghai

Die Seiteneinteilung für den Cityatlas finden Sie auf dem hinteren Umschlag dieses Reiseführers

A
B
C
400m
1
2
3
4
5
6
Long Distance Bus Station
Tongji University
Bus Station of North District
Zhongshan
Hutai Lu
Bei = North
Zhong = Middle, Central
Xi = West
Nan = South
Dong = East
Dadao = Avenue
Dajie = Avenue, Boulevard
Jie = Street
Lu = Road
中山北路
Zongshan Rd N.
闸北
ZHABEI
Gonghe Xinlu
Yujinggang
Chenjiazhai
Tibet
Beilu
Zhonghua
Pushan
Henglu
Xilu
Zhijiang
Nanshan
Zhongxing
Jiaotong
Central Hospital of Zhabei District
Mid Sch
Tianrong'a
Shanghai Huochezhan/Railway Sta N.
上海火车战
Shanghai Railway Station
Datong
Yongxing
Gymnasium
Taiyangshan
Xiaomalu
Shanghai Huochezhan/Railway Sta S.
Zhongxing
中兴路
Xizang
Huiwen
Minde
Changxing
Jingjiang
Qiujiang
Zhilu
Xujiazhai
Xinma
Yuyingtang
Wangjiazhai
Jiaotong Park
Kangji Mansion
Meiyuan Lu
Club
Bus Terminal
Minli
Huasheng
Tianmu
Zhonglu
Haining
Hanzhong Rd
汉中路
Xinmin Zhilu
Haichang
Nanxing
Chang'an
Huaxing
Rehe
Xinjiang
Menggu
Gongxing
Suzhou
Qipu
Kaifeng
Guangfu
Suzhou Nanlu
Datian
Qufu
Wuzhen
Qufu Rd
曲阜路
Gansu
Xinzha
Jinyuan
Wen'an
Wusong River
(Suzhou Creek)
Nanlu
Cixi
Shanghaiguan
Xinzha Rd
新闸路
Qingdao Lu
泥城桥
NI CHENG QIAO
Junling Plaza
Xinchang
Changsha
Xiamen
Beijing
Zhejiang
133

D
E
F
Hongkou Stadium
Hongkou Football Stadium
Tomb of Lu Xun
Lu Xun Park
Memorial Hall of Lu Xun
Former Residence of Lu Xun
HONGKOU
Chinese Medicine Hospital
People's Hospital Shanghai No. 1
Normal School No. 3
Dongbaoxing Rd
东宝兴路
Children's Park
Hailun Lu
海伦路
Long Distance Bus Station
Baoshan Rd
宝山路
Yedachang Commercial Bldg.
Shanghai No.1 People's Hospital
Sichuan Rd N.
Jiefang Theatre
Tiantong Rd
Shanghai Post Office
Broadway Mansions
Union Church
Astor House Hotel
Hongkou Branch
Daming 大名路 Lu
Tiantong
Wuchang
Haining
Yaliujiang Lu
Zhonglu Henan
Wusong
Baoshan
Beilu
Sichuan Beilu
Siping Lu
天目东路
Dongxinmin Lu
Wujing
Mid Sch
Club
1
2
3
4
5
6

135

A
B
C
1
2
3
4
5
6
400m
Xinzha
Wanghangdu 航渡
静安寺
JING AN SI
Beijing
Nanyang
Shanghai Centre
Centre
Mid Sch
Normal School No. 1
Paramount
Line 2
Yuyuan
Beilu
Lu
Jing'an Temple
Changde
Jing'an Temple 静安寺
Nanjing
Xilu
西
南
京
Children's Palace
Jing'an Park
Anyi
Tongren
Shanghai
延
安
Yan'an
Zhong
Zhengning
East China Hospital
Theatre Academy
Wulumuqi
Fumin
Huashan Lu
Changshu Lu
Julu
Huashan Hospital
Zhonglu
Huashan
Changle
Anfu
Ding Xiang Garden
Wuyuan
Fuxing
Donghu
Xinle
Yanqing
Huating
K Wah Centre
Changshu Rd 常熟路
Huaihai
Peregrine Plaza
Conservatory of Music
Zhonglu
German Consulate
Yongfu
Nie Er Monument
Shanghai Library
淮
海
中
Nanlu
Baoqing Lu
Taojiang
Shanghai Library
Gao'an
Dongping
Fenyang
Mid Sch
Shanghai Arts & Crafts Museum
Puxijin Monument
Yongkang
Yue Yang Hospital
Eye, Ear, Nose and Throat Hospital
International Community Church
Line 1
Yongjia
Hengshan
山路
Hengshan Rd
Mid Sch
Anting
Xilu
Jianguo
Zhaojiabang Rd 肇嘉浜路
Chinese Academy of Sciences
Yueyang
Taiyuan
Xiangyang
Jiashan Rd 嘉善路
Zhaojiabang
肇
嘉
Fenglin
Xiaomuqiao
Pingjiang
Yixueyuan
Shanghai Medical University

136

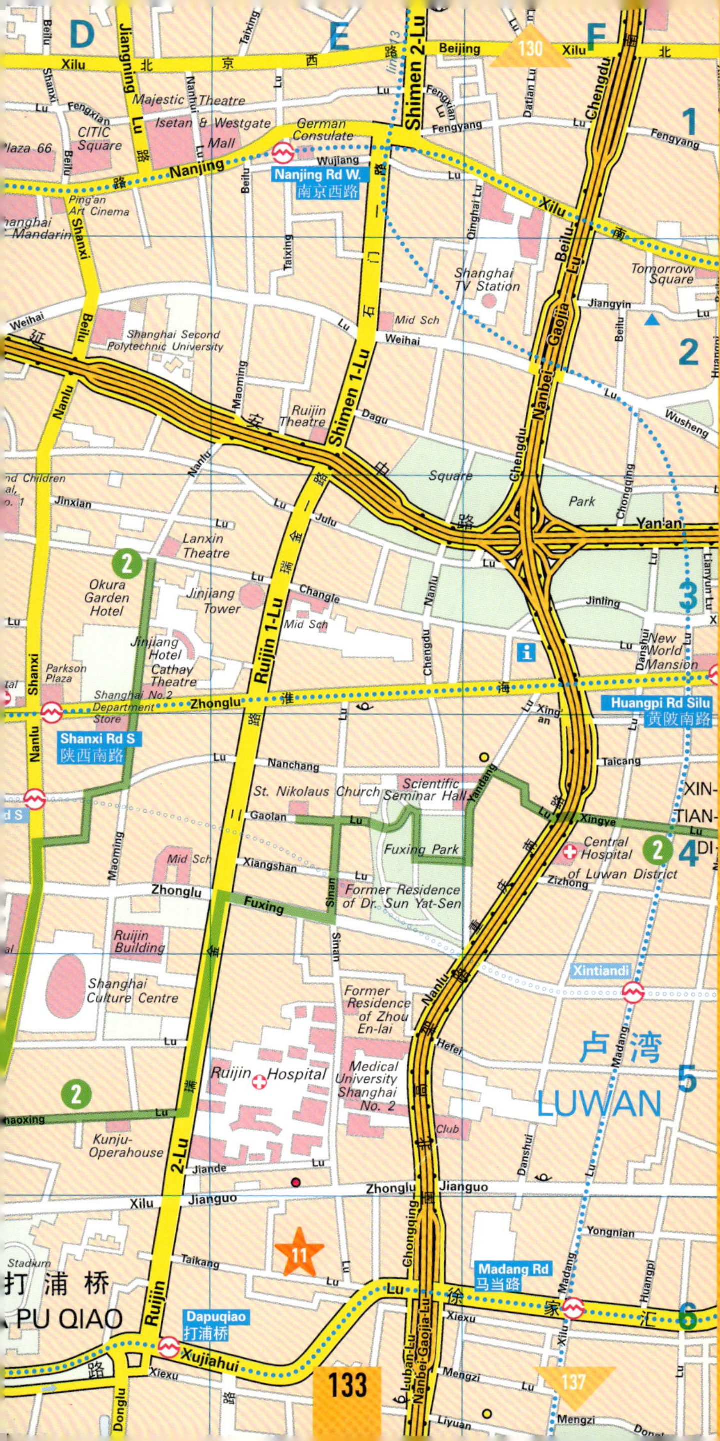
D
E
F
1
2
3
4
5
6
130
137
Beijing Xilu 北京西路
Jiangning Lu 路
Majestic Theatre
Isetan & Westgate Mall
German Consulate
CITIC Square
Plaza 66
Nanjing Rd W. 南京西路
Nanjing
Wujiang
Fengxian
Fengyang
Shimen 2-Lu
Shimen 1-Lu
Chengdu Beilu
Nanbei Gaojia Lu
Ping'an Art Cinema
Shanghai Mandarin
Shanxi Beilu
Qinghai Lu
Taixing
Maoming Nanlu
Shanghai TV Station
Tomorrow Square
Jiangyin
Mid Sch
Weihai
Wusheng
Shanghai Second Polytechnic University
Ruijin Theatre
Dagu
Square
Park
Yan'an
Jinxian
Julu
Lanxin Theatre
Changle
Okura Garden Hotel
Jinjiang Tower
Jinjiang Hotel
Cathay Theatre
Jinling
New World Mansion
Lianyun Lu
Parkson Plaza
Shanghai No.2 Department Store
Zhonglu
Huangpi Rd Silu 黄陂南路
Shanxi Rd S 陕西南路
Nanchang
Xing'an
Taicang
St. Nikolaus Church
Scientific Seminar Hall
Yandang
Gaolan
Xingye
XIN-TIAN-DI
Fuxing Park
Central Hospital of Luwan District
Xiangshan
Zizhong
Former Residence of Dr. Sun Yat-Sen
Fuxing
Sinan
Ruijin Building
Shanghai Culture Centre
Former Residence of Zhou En-lai
Xintiandi
Hefei
卢湾
LUWAN
Madang Lu
Medical University Shanghai No. 2
Ruijin Hospital
Club
Kunju-Operahouse
Shaoxing
Ruijin 2-Lu
Jiande
Danshui
Jianguo Xilu
Jianguo Zhonglu
Yongnian
Stadium
Taikang
打浦桥
DA PU QIAO
Madang Rd 马当路
Xujiahui Lu
Dapuqiao 打浦桥
Xiexu
Chongqing
Luban Lu
Huangpi
Mengzi
Liyuan
Dongqu

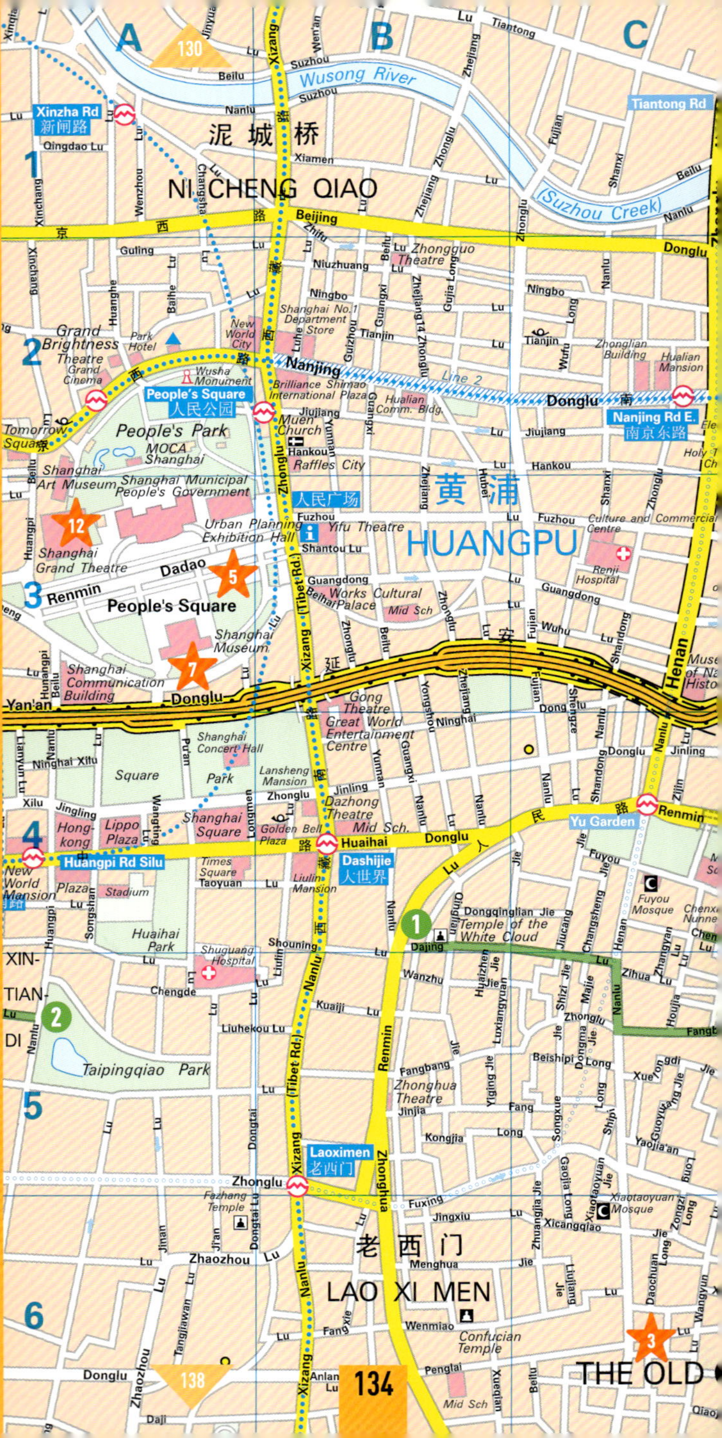
A
B
C
130
138
1
2
3
4
5
6
Wusong River
Suzhou Creek
泥城桥
NI CHENG QIAO
黄浦
HUANGPU
老西门
LAO XI MEN
THE OLD
Xinzha Rd
新闸路
Tiantong Rd
People's Square
人民公园
Nanjing Rd E.
南京东路
人民广场
Huangpi Rd Silu
Dashijie
大世界
Yu Garden
Laoximen
老西门
Line 2
Beijing
Donglu
Nanjing
Yan'an
Renmin
Dadao
Huaihai
Xizang
Zhonglu
Nanlu
(Tibet Rd.)
Henan
Renmin
Zhonghua
Fuxing
Zhongguo Theatre
Shanghai No.1 Department Store
New World City
Grand Brightness Theatre
Grand Cinema
Park Hotel
Wusha Monument
Tomorrow Square
People's Park
MOCA Shanghai
Shanghai Art Museum
Shanghai Municipal People's Government
Urban Planning Exhibition Hall
Shanghai Grand Theatre
People's Square
Shanghai Museum
Shanghai Communication Building
Brilliance Shimao International Plaza
Hualian Comm. Bldg
Muen Church
Raffles City
Yifu Theatre
Zhonglian Building
Hualian Mansion
Culture and Commercial Centre
Renji Hospital
Works Cultural Palace
Mid Sch
Gong Theatre
Great World Entertainment Centre
Shanghai Concert Hall
Lansheng Mansion
Dazhong Theatre
Golden Bell Plaza
Shanghai Square
Hong-kong
Lippo Plaza
New World Mansion
Times Square
Plaza
Stadium
Liulin Mansion
Huaihai Park
Shuguang Hospital
Temple of the White Cloud
Fuyou Mosque
Taipingqiao Park
XIN-TIAN-DI
Zhonghua Theatre
Fazhang Temple
Xiaotaoyuan Mosque
Confucian Temple
Mid Sch
12
5
7
3
1
2

D
E
F
131
1
2
3
4
5
6
Wuchang
Club
Shanghai Post Office
Sichuan
Tiantong
Zhapu
Wusong
Minhang
Wuchang
Emei
Dongchangzhi
Lushun
Liling
Yongding Lu
Machang
Daming Lu 大名路
Dongdaming Lu
Broadway Mansions
Union Church
Beilu Changzhi
Waibaidu Bridge
Huangpu
Astor House Hotel
Nanxun
International Passenger Terminal
Xinjian Lu Tunnel
Hong Kong
Zhonglu
Former British Consulate
Rockbund Museum
Huqiu
Mingyuan
ROCK-BUND
Peninsula Hotel
Shanghai People's Hero Memorial Monument
Huangpu Park
Huangpu River
Yuan
Dianchi
Bank of China
City Bank
Peace Hotel
Foreign Exch. Ctr.
Chen Yi Monument
Bund Sightseeing Tunnel
Shanghai International Convention Centre
Natural World Insect Kingdom
Mingzhu Park
Shanghai Ocean Aquarium
Oriental Pearl TV Tower
Binjiang
Fenghe Lu
Shanghai History Museum
Yincheng
Beilu
Custom House
Pudong Development Bank
Zhongshan Dong 1-Lu
The Bund
Yan'an Donglu Tunnel
Lujiazui
Xilu
Lujiazui 陆家嘴
Super Brand Mall
Shiji
Zhonglu
Three on the Bund
Shanghai Club
Shangri La Hotel
Yincheng
Fucheng
Lujiazui Green
Dadao
Nanlu
Donglu
Zhongshan Dong 2-Lu
Jin Mao Building
Xinyong'an
Xilu
烂泥渡
LAN NI DU
Yingcheng Zhonglu
Huayuanshiqiao Lu
Shanghai World Financial Center
Yong'an
Renping Jie
Gucheng Park
Gangu Jie
Garden
Temple of Town Gods
Wutong
Renmin Lu Tunnel
Yincheng Nanlu
Dadao
Pumin Lu
Dongchang Lu
PUDONG
Renji Lu
Bingchangtian
Shenjn Building
Danfeng
Zhonglu
Xianzuo Jie
Sch
Yangshou
中山东二路
人民路
Dongmen Lu
东门路
Jukui Jie
Shangcheng
Rongchang
Sipailou
Xiyaojie
Waixiangua
Long
Laotaiping
Qixin Lu
Dong
Donglu
Xinmatou
Yangjiadu Hengjie
Jie
400m
Donggao Building
Fukang
Fuxing Donglu
Fuxing Donglu Tunnel
Zhangyang Lu
Xiaonanmen 小南门
Laoxin
Baidu
Laobaidu Hengjie
Line 9
139
Binjiang Building
Maojia

A
B
C
132
1
2
3
4
5
6
Qingzhen Lu
Xiaomuqiao
Xietu
Xietu Lu
Nantangbang
Mid Sch
Donglu
大
Lu
Chaling Lu
Beilu
Lu
Quxi
Damuqiao Rd
大木桥路
Lingling Lu
Lingling
Lu
Luba
鲁班
Rihui
Dapu
Damuqiao
Chaling
Zhongshan Nan 1-Lu
Tiedao
Lu
Donglu
Xiaomuqiao
(Neihuan-Gaojia-Lu)
内环高架路
Lu
Longhua Donglu
Longhua
Dapu
Rihui Branch
Rihui
Lu
Mid Sch
Furun Lu
Zhaofeng
Xilu
Zhaofeng
Kaiping
Nanpu Railway Station
Lu
Ruining
Huangpu River
Dapuqiao Tunnel
L6 Ferry
Houtan Park
Dao
Lu
Houtan
Lu
Bocheng
Lu
Elevated Walk
Shibo
Guozhan Lu
Lu
Shanggang
Guozhan Lu
Tangziling
Xueye
Lu
Houtan
Longbin Lu
Yaolong
Elevated-Bei-Nan-Lu

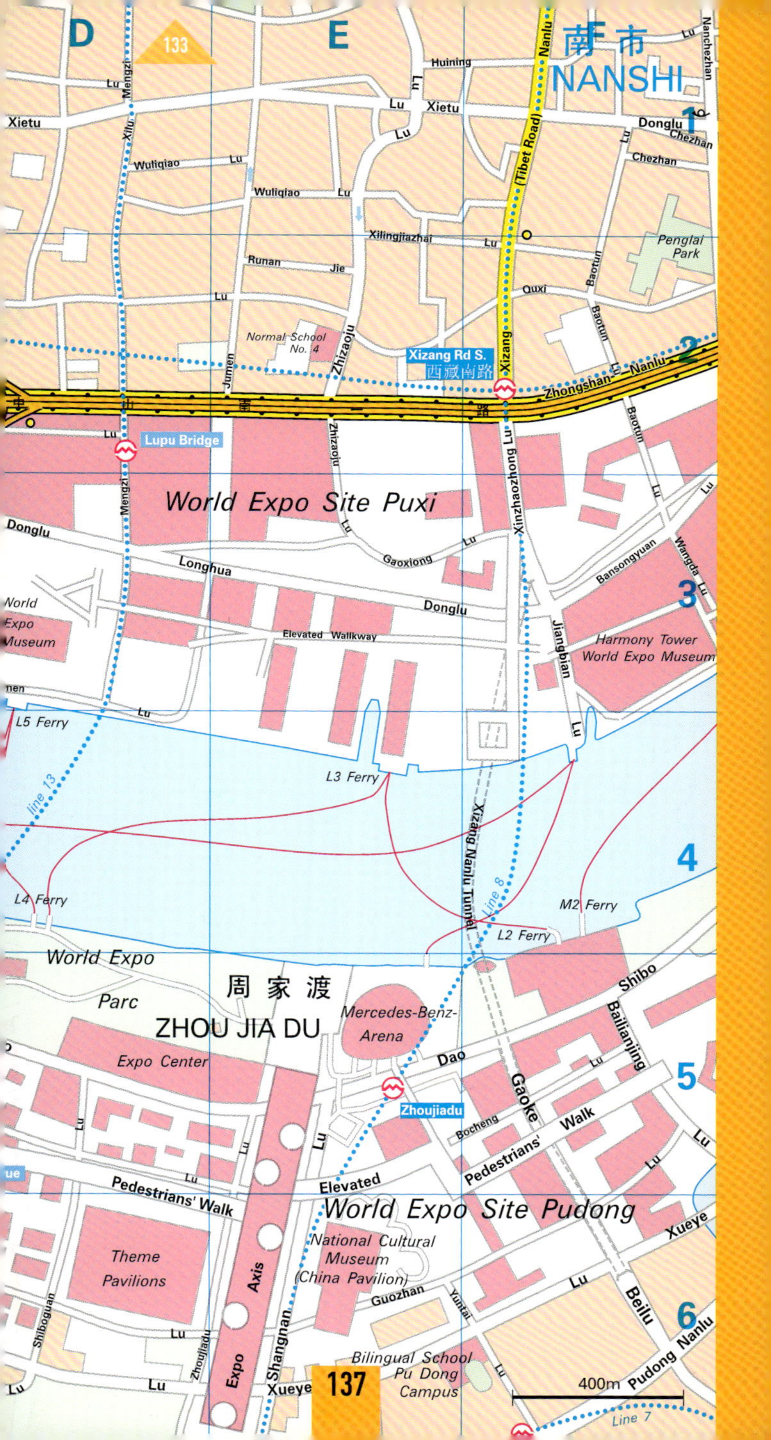
D
E
133
南市
NANSHI
1
2
3
4
5
6
Xietu Lu
Mengzi Xilu
Huining Lu
Xietu Lu
Donglu
Chezhan
Nanchezhan Lu
Wuliqiao Lu
Xizang Nanlu (Tibet Road)
Penglai Park
Xilingjiazhai Lu
Runan Jie
Quxi
Baotun
Normal School No. 4
Zhizaoju
Jumen
Xizang Rd S.
西藏南路
Zhongshan Nanlu
Lupu Bridge
World Expo Site Puxi
Xinzhaozhong Lu
Gaoxiong Lu
Longhua Donglu
Bansongyuan
Wangda Lu
World Expo Museum
Harmony Tower World Expo Museum
Elevated Walkway
Jiangbian Lu
L5 Ferry
L3 Ferry
line 13
Xizang Nanlu Tunnel
Line 8
L4 Ferry
M2 Ferry
L2 Ferry
World Expo Parc
周家渡
ZHOU JIA DU
Mercedes-Benz-Arena
Shibo Dao
Bailianjing
Expo Center
Zhoujiadu
Gaoke
Bocheng
Pedestrians' Walk
Elevated
World Expo Site Pudong
Xueye
National Cultural Museum (China Pavilion)
Theme Pavilions
Expo Axis
Guozhan
Yuntai
Beilu
Shiboguan
Zhoujiadu
Shangnan
Bilingual School Pu Dong Campus
400m
Pudong Nanlu
Line 7

A
B
C
1
2
3
4
5
6
134
LAO XI MEN
THE OLD
Confucian Temple
Wenmiao
Zhonghua
Penglai
Anlan
Donglu
Daji
Hunan Stadium
Mid Sch
Shunchang
Zhaozhou
Fangxie
Dalin
Tangjiawan Lu
Lujiabang
Lujiabang Rd
陆家浜路
Xizang Nanlu
Jiangyin
Daxing
Shangwen
Yingxun
Henan
Ninghe
Yujia
Huangjia
Qiao
Lujiebang Houjie
Dachang Jie
Zhizaoju
Liyuan
Huining
Tianzhushan Lu
Commercial Accountant School
Nanchezhan
南 市
NANSHI
Xietu
Donglu
Chezhan
Guohuo
Zhilu
Puyu
Hainan
Xilong
(Tibet Road)
Xilingjiazhai
Quxi
Baotun
Penglai Park
Folk Collection Exhibition Hall
Club
Haichao
Nanjiang
Normal School No. 4
Xizang Rd S.
西藏南路
Zhongshan
Nanlu
Sanshan Huiguan
Miaojiang Lu
Xinzhaozhong Lu
Urban Best Practice Area
Huayuangang
Gaoxiong
Bansongyuan
Wangda
Longhua Donglu
World Expo Site
Elevated Walkway
Puxi
Jiangbian
Harmony Tower
World Expo Museum
Miaojiang
M1 Ferry
L1 Ferry
L3 Ferry
Huangpu River
Xizang Nanlu Tunnel
Line 8
M2 Ferry
L2 Ferry
Mercedes-Benz-Arena
家 渡
ZHOU JIA DU
World Expo Site
Pudong
Shibo
Bailianjing

135

D
E
F
1
2
3
4
5
6
Xinmatou
Donglu
Yangjiadu Hengjie
Jie
Fuxing Donglu Tunnel
Zhangyang Lu
Donggao Building
Fukang
Binjiang Building
Caoxitang
Line 9
Fuxing
Laoxin
Baidu
Laobaidu Hengjie
Maojia
Zixia
Waitangjiagiao Jie
Doushi
Xinmatou
Cool Docks
Waima
Beishijia
Wangjiazujiao Jie
Wangjiamatou
Zhuhangmatou
Long
Huayi
Miezhu
Waicanggiao Jie
Dongjiadu
Gouyu
Wanyumatou
Gongyimatou
Dongjiadu Church
Nanlu
Nangu Jie
Xuejiabang
Luxi
Laiyimatou
Duojia
Xinjie
Huiguan
Zhongshan
Hutouanmatou Jie
Gaozi
Nanjie
Pudian Lu
Laobaidu
Zhangjiabang
Tangqiao
Line 4
Nanzhangjiabang
People's Hospital Shanghai No. 2
Youchematou Jie
Waima
Nanpu Bridge
Xiaonanmatou
Pujian Lu
Xinlu
Xilu
Tangqiao
塘桥
Pujian Lu
Pudong
Inner Ring
南码头
NAN MA TOU
Nanmatou
Jiaonan
Nanpu Square Park
PUDONG
Tangyan
Nanquan
Elevated
Sanliqiao
Nanlu
Pusan
Lu
Shanghai Children's Medical Center
Line 6
Dongfang Lu
Shanghai Oriental TV
400m

A
B
C
1
2
3
4
5
6
Heqiao
Liantang
Gaoyou Hu
Grand Canal
Mapengwan
Hekou
Sanduo
Gaoyou
Dainan
Tianchang
Cheluo
Qintong
Bantaji
Chajian
Qinlan
Fanchuan
Maji
Dayiji
Lai'an
Shaobo
TAIZHOU
Tai Xian
Dabai
Shaheji
Banqiao
Jiangdu
YANGZHOU
Tongyang Grand
CHUZHOU
Luhe
Shuikou
Guabu
YIZHENG
Xincheng
Liuwei
Kou'an
DACHANG
Guazhou
ZHENJIANG
Yangzhong
Madian
Puzhen
Longtan
Xiashu
Dantuzhen
Dagang
Taixing
Pukou
NANJING
Jianbi
Jingjiang
Xinfeng
Baqiao-zhen
Jiangpu
Dongchangjie
DANYANG
Qiweigang
Shangxinhe
Qiaolin
Jiangning
Cunhua
Jurong
Baitu
Weicun
JIANGY
Wujiang
Jiangningzhen
Xiagang
Taowu
Xishiqiao
He Xian
MA'ANSHAN
Zehtang
Jintan
CHANGZ
Hengxi
Tianwangsi
Xuebu
Hutang
Chang Jiang (Yangtse-kiang)
Caishi
Xiaodanyang
Lishu
Yuanxiangzehn
Minghuan
Xuezhen
Dongyuemiao
Piqiao
Chang-dang Hu
Ge Hu
WUXI
Dangtu
Bowang
Baima
Shangxing
Cao-qiao
Xueyanqiao
Shijiu Hu
Nandu
Heqiao
Xushe
Zhoutieqiao
WUHU
Qingshuihe
Shuangpaishi
Liyang
YIXING
Taihu
Gaochun
Shanjuan D.
Dingbu
Daibu
Dapu
Gucheng Hu
Dongba
Zhangzhu
Dingshuzhen
Meizhu
Tai Hu
Wanzhi
Yangdian
Langxi
Jincun
Nanyi Hu
Huangmudu
Langxi He
Jiapu
Zhenxia
Niutoushan
Chang-xing
Qingri Jiang
Xintang
Shizipu
Lijiaxiang
XUANZHOU
Dagian
Huagutang
Si'an
Nanling
Yijiangzhen
Guangde
Cishan-gang
HUZH
Yangzi'e Z.B.
Xi iao Xi
Meixi
Shuiyang Jiang
Liangpeng
Qingshan
Linghu
Baidian
Moganshan
Jing Xian
Anhui
Yangtan
Anji
Ningguo
Helixi
Fengcheng
Baishui
Meilin
Hanggai
Wukang
Gansh
Langqiao
Shiqiao
Henghu
Deqing
Dongtiao Xi
Dongtianmu Shan
Tangq
Jialu
Penggong
Yuhang
Hongmen
Xianxia
1545
Liangzhu
Tianmu Shan
Jiuyuhang
Xian-libu
Jingde
Tianmushan Z.B.
Lin'an
Tangjiawan
Zhuantang
Xiayuqia
Jixi
Changhua
Yuqian
Shangson
Chang-he
Xionglu
Jiakou
Gaoqiao
Sanyang
Machebu
Fuyang
Linqiao
Zhejiang
Nanbao
Xindeng
Songxi
Tangjiafu
Wusheng
Bipu
Yansi
She Xian
Fenshui
Heshangzhen
Shendu
Fenshui Jiang
Hengcha
Xuekengkou
Tangcun
Yaolin D.
Tonglu
Jiekou
1450
Tantou
Baijiang
Sandu
Huangshan
Pincun
Wenchang
Longmen Shan
Caota
Songcun
Qingxi
Dafan
Xin'anjiang Sk.
Chun'an
Dujing
Baiyanshanxia

D
E
F
50 km
1
2
3
4
5
6
Zhongxin Gang
Xinchuan Gang
Tangyang
Bencha
Libao
Yangkou
Huangang
Yellow
Sea
Rugao
Dingnian
Beikan
Rudong
Bingfang
Yaowang Gang
Baipu
Shigang
Sanyu
15
Pingchao
Nantong
NANTONG
Sanyangzhen
Shiyiwei
Haimen
Jiulongzhen
Zhangjiagang
Luyuan
Sanchang
Qidong
Dalian
Dayiqiao
Xupu
Sanxing
Huifengzhen
Yinyang
Meili
Baimao
Chongming
Baozhen
Xinzhuang
Chongming Dao
Liuhe
Taicang
Chenjiazhen
Kunshan
Luodian
Baoshan
Changjiang
Fenghuang
Kou
Jiading
Wujiaochang
SUZHOU
Lujia
Jiangwan
SHANGHAI
Vladivostok
Anting
Luzhi
Gaoxing
Tongli
Chuansha
Zhouzhuang
Qingpu
Minhang
Shanghai Shi
Hong Kong
Zhujiajiao
Sijing
Bache
Sheshan
Zhoupu
Nanhui
Jinze
Hang-
tou
Xinchang
Lithi
Songjiang
Pingwang
Xitang
Datuan
Fengjing
Tinglin
Qingcungang
Daji Wan
Shengze
Nicheng
Sanchang
Fengxian
Fengcheng
Weitang
Xinday
Xincheng
Zhelin
Donghai
Bridge
Caiyuan
JIAXING
Jinshan Qu
Xin-
feng
Pinghu
Jinsiniangqiao
Quangongting
Wangdian
Zhapu
Yangshan
Deepwater
Port
Huangze Wan
HAINING
Wangpan
Yang
Haiyan
Daodou'ao
Ganpu
Hangzhou Bay
Bridge
Huangwan
Zhoushan Qundao
Dongsha
ZHOU
Andong
Dai
Shan
Dachangtu
Dao
Hangzhou
Gaoting
Zhouxiang
CIXI
Linshan
Guangcheng
Huangda
Wan
Ma'an
Wan
Zhoushan Dao
Fanshi
Shan-
gyu
Ligang
Ganlan
Baiquan
AOXING
YUYAO
Dazhan
Zhangting
Xiepu
Shu-
shan
Zhenhai
ZHOUSHAN
Putuoshan
Cao'e
Cicheng
Fenghui
Hemudu
Wenhua
Yizhi
NINGBO
Beilun Qu
Shenjiamen
Zhujia
Dao
Liang-
long
Zhongzhai
Dagitou
Tangpu
Chai-
qiao
Wangtan
Dingjiafan
Yinjiang
Puyang Jiang
Jiangshan
Jiaotou
Taohua
Dao
Sanjie
Siming Shan
Hengxi
Fenghua
Qikou
Xianxiang
Liuheng Dao
Sheng Xian
Song'ao
Xize
Cuijia'ao
Xikou
Chongren

Hangzhou
1 km
A
B
C
1
2
3
4
5
6
Wenhua Lu
Wenyi Lu
Changbanxiang
Chaoxing Lu
Shangtang
Shangtang Lu
Hushu Nanlu
Moganshan Lu
Gucui Lu
Xueyuan Lu
Jiaogong Lu
Wener Lu
Wenxin Lu
Beijing-Hangzhou-Kanal
Hedong
Wenhui Lu
Wenyuan Lu
Wensan Lu
Dampfer-anlegestelle
Zhaohui Lu
Gudang
Huancheng
Gudun Lu
Yanshan
Tianmushan Lu
Xixi Lu
Baochu Lu
Tiyuchang Lu
Hanghui Lu
Laohe-Hügel
Universität Zhejiang
Yugu Lu
Sport-zentrum
Shuguang Lu
Huancheng Xilu
Wulin Lu
Fengqi Lu
Yan'an Lu
Zhonghe Beilu
Zhongshan Beilu
Zhonghe
Zheda Lu
Baochu-Pagode
Baoshi-Hügel
Lingfeng-Hügel
Hubin-Park
Qingchun Lu
Jadequelle
Beishan Lu
Bai-Damm
Beili Hu
Pinghai Lu
Huansha Lu
Zhongshan
Zhonghe Zhonglu
Fengle Xiang
Pishi Xiang
Botanischer Garten
Yue-Fei-Tempel
Insel Gushan
Hubin
Jiefang
Yuehu Hu
Zhongshan-Park
Beileqiao
Jinsha
Krankenhaus Zhejiang
Xihu Tiandi
Kaiyuan Lu
Seilbahn zur Beigao-Spitze
Xihu Lu
Ding'an Lu
Dadao
Zhonglu
Youshengguan
Lingyin Lu
Xishan
Xi Hu (Westsee)
Tempelkloster Lingyin Si
Jiulisong
Longjing Lu
Xili Hu
Su-Damm
Insel Xiao Yingzhou
Feilai Feng
209
Maojiabu
Liulang-wenying-Park
Hefang Jie
Apotheke Huqingyutang
Dingjia-Hügel
Xizi Binguan
Nanshan Lu
Pavillon Chenghuang Ge
Teemuseum
Santaishan Lu
Wang Lu
Yuegui-Spitze
Huagang-Park
Leifeng-Pagode
Wu Shan
Xiaonan Hu
Zhongshan Nanlu
Zhonghe Nanlu
Jiangcheng Lu
Tianma-Hügel
Longhong
Nanshan Lu
Wansongling Lu
Yuhuangshan Lu
Drachenquelle
Nangao-Spitze
Chishanbu
Seiden-museum
Jiuyao-Hügel
Fenghuang-Hügel
Manjuelong Lu
Siyanjing
Longjing
Yuhuang-Hügel
Baihe-Spitze
Zoo
Hupao Lu
Fuxing-Tempel
Hupao-Quelle
Porzellan-museum
Hupao-Hügel
Daci-Hügel
Qiantangjiang-Brücke
Fuxing Jie
Zhijiang Zhonglu
Baita-Pagode
Dahua-Hügel
Pagode Liuhe Ta
Qiantang Jiang
Jiuxi Lu
Wentao Lu
Zhijiang Lu
Jiuxi
Hangzhou-Ningbo Highway
Xucun
1
2
3
4
5
6
7
8
9
10
11
12
13
14

Hangzhou

1. **1** Terrasse des Sonnenaufgangs
2. **2** Duan Qiao-Brücke
3. **3** Gedächtnispagode Dr. Sun Yat Sen
4. **4** Fanghe-Pavillon (Kranichpavillon)
5. **5** Pavillon "Herbstmond über dem Stillen See"
6. **6** Seebühne "Impression West Lake"
7. **7** Grab der Qiu Jin
8. **8** Provinzmuseum
9. **9** Dongpu-Brücke
10. **10** Insel Ruangongdun
11. **11** Pavillon "In der Mitte des Sees"
12. **12** ehem. "Tempel der Vergangenen Werte"
13. **13** Blumen- und Vogelhaus
14. **14** Santan Yinyue

Suzhou

1 Garten Zhuozheng Yuan (Garten der Politik meiner Wenigkeit)
2 Tempel Bao'en Si
3 Garten Shizi Lin (Löwenhain)
4 Garten Liu Yuan (Bleibegarten)
5 Garten Ou Yuan (Doppelgarten)
6 Garten Yi Pu (Künstlergarten)
7 Garten Huanxiu Shanzhuang (Bergvilla der umgürteten Zier)
8 Tempel Xuanmiao Guan
9 Opern- und Theatermuseum
10 Garten Yi Yuan (Garten der Zufriedenheit)
11 Suzhou-Park
12 Garten Tingfeng Yuan
13 Garten Canglang Ting, Canglang-Pavillon
14 Garten Wangshi Yuan (Garten des Meisters der Netze)

KARTENLEGENDE

四車道公路 Vierspurige Straße	Road with four lanes Route à quatre voies
高架道路 Hochstraße	High level road Route surélevée
遠程公路 Durchgangsstraße	Thoroughfare Route de transit
主要公路 Hauptstraße	Main road Route principale
其它公路 Sonstige Straßen	Other roads Autres routes
信息 - 停車場 Information - Parkplatz	Information - Parking place Information - Parking
單行公路 Einbahnstraße	One way road Rue à sens unique
步行區 Fußgängerzone	Pedestrian zone Zone piétonne
主要鐵路干綫, 火車站 Hauptbahn mit Bahnhof	Main railway with station Chemin de fer principal avec gare
其他鐵路干綫 Sonstige Bahn	Other railway Autre ligne
地下鐵道 U-Bahn	Underground Métro
渡輪航線 - 停靠站 Fährlinie - Anlegestelle	Ferry line - Landing place Ligne de bac - Embarcadère
寺廟 - 寺廟, 風景區 Tempel - Sehenswerter Tempel	Temple - Temple of interest Temple - Temple remarquable
教堂 - 教堂, 風景區 Kirche - Sehenswerte Kirche	Church - Church of interest Église - Église remarquable
清真寺 - 猶太教堂 Moschee - Synagoge	Mosque - Synagogue Mosquée - Synagogue
塔 - 青年旅社 Turm - Jugendherberge	Tower - Youth hostel Tour - Auberge de jeunesse
警察局 - 郵局 Polizeistation - Postamt	Police station - Post office Poste de police - Bureau de poste
醫院 - 紀念碑 Krankenhaus - Denkmal	Hospital - Monument Hôpital - Monument
建築, 公共建築 Bebaute Fläche, öffentliches Gebäude	Built-up area, public building Zone bâtie, bâtiment public
工業區 Industriegelände	Industrial area Zone industrielle
公園, 森林 Park, Wald	Park, forest Parc, bois
徒步觀光路線 Stadtspaziergänge	Walking tours Promenades en ville
MARCO POLO Highlight	MARCO POLO Highlight

ALLE **MARCO POLO** REISEFÜHRER

REGISTER

Das Register enthält alle in diesem Reiseführer erwähnten Sehenswürdigkeiten und Museen in Shanghai, Hangzhou und Suzhou sowie alle Ausflugsziele. Gefettete Seitenzahlen verweisen auf den Haupteintrag.

SCHREIBEN SIE UNS!

SMS-Hotline: 0163 6 39 50 20

E-Mail: info@marcopolo.de

Egal, was Ihnen Tolles im Urlaub begegnet oder Ihnen auf der Seele brennt, lassen Sie es uns wissen! Ob Lob, Kritik oder Ihr ganz persönlicher Tipp – die MARCO POLO Redaktion freut sich auf Ihre Infos.
Wir setzen alles dran, Ihnen möglichst aktuelle Informationen mit auf die Reise zu geben. Dennoch schleichen sich manchmal Fehler ein – trotz gründlicher Recherche unserer Autoren/innen. Sie haben sicherlich Verständnis, dass der Verlag dafür keine Haftung übernehmen kann. Kontaktieren Sie uns per SMS, E-Mail oder Post!

MARCO POLO Redaktion
MAIRDUMONT
Postfach 31 51
73751 Ostfildern

IMPRESSUM
Titelbild: Skyline (Getty Images/Vetta: Nikada)
Fotos: O. Bolch (104, 107); eno: Leon Ni (16 M.); R. Freyer (3 u., 24 r., 42/43, 49, 55, 61, 68, 70, 78, 82/83, 84, 90/91, 106); Fu Xin Gallery: Thomas Weuthen (16 o.); Getty Images/Vetta: Nikada (1 o.); GoodtoChina (17 o.); Huber: Picture Finders (108/109); © istockphoto.com: Olga Olejnikova (16 u.); V. Janicke (110); Laif: China/PhotoPress (2 M. o., 9); Laif/Express-Rea: Dudoit (76); Laif/Le Figaro Magazine: Martin (114 o.); mauritius images: AGE (62 r., 64, 97, 98/99, 102/103, 114 u.), Alamy (Klappe l., 3 o., 6, 8, 10/11, 12/13, 20/21, 23, 24 l., 30, 50, 52/53, 66/67, 110/111, 115), Bail (108), Buss (34), Hausberger (18/19), Mehlig (2 M. u., 26/27), Raga (7, 126/127), Vidler (111); mauritius images/imagebroker: Bail (15); Meadowbrook Equestrian and Rural Activity Center: Becky Tsukishima (17 u.); S. Meyer-Zenk und H.- W. Schütte (1 u.); Kai Ulrich Müller (44, 94/95); T. Stankiewicz (Klappe r., 2 o., 2 u., 3 M., 4, 5, 25, 33, 37, 39, 41, 47, 56/57, 58, 62 l., 63, 72, 74/75, 81, 87, 88, 92, 94 o., 100, 109)

5. Auflage 2012
Komplett überarbeitet und neu gestaltet

Chefredaktion: Michaela Lienemann (Konzept, Chefin vom Dienst), Marion Zorn (Konzept, Textchefin)
Autoren: Sabine Meyer-Zenk, Dr. Hans-Wilm Schütte; Redaktion: Corinna Walkenhorst
Verlagsredaktion: Ann-Katrin Kutzner, Nikolai Michaelis, Silwen Randebrock
Bildredaktion: Gabriele Forst
Im Trend: wunder media, München
Kartografie Reiseatlas: © MAIRDUMONT, Ostfildern; Kartografie Faltkarte: © MAIRDUMONT, Ostfildern
Innengestaltung: milchhof:atelier, Berlin; Titel, S. 1, Titel Faltkarte: factor product münchen
Sprachführer: Dr. Hans-Wilm Schütte

Printed in Germany. Gedruckt auf 100% chlorfrei gebleichtem Papier

BLOSS NICHT

Ein paar Dinge und Situationen, die sich leicht vermeiden lassen

AN FEIERTAGEN VERREISEN

Zum Frühlingsfest, zum Tag der Arbeit und zum Nationalfeiertag macht ganz China Urlaub. Überfüllte Züge, ausgebuchte Hotels und überlaufene Sehenswürdigkeiten lassen Ausflüge dann zum Albtraum werden.

DEN BERUFSVERKEHR UNTERSCHÄTZEN

In Shanghai werden monatlich rund 7500 neue Fahrzeuge zugelassen, de facto bedeutet das: Der Stau wird immer unerträglicher. Planen Sie daher immer genug Zeit für die Anfahrt ein.

SICH ABZOCKEN LASSEN

Vorsicht vor ungebetenen Stadtführern bzw. -führerinnen! Beliebter Trick ist es, Sie zum Besuch eines Teehauses oder Restaurants zu überreden, wo dann überhöhte Rechnungen präsentiert werden. Informieren Sie sich auch beim Besuch von Karaokebars und Massagesalons über Art und Kosten der Dienstleistung. Denn die Prostitution ist zwar verboten, aber dort und in Friseursalons präsent. Rotierende Leuchtsäulen am Eingang weisen oft darauf hin, dass auch Liebesdienste angeboten werden. Auch die lästigen Schlepper, die gefälschte Ware in Hinterzimmern verkaufen wollen, haben nur Abzocke in Sinn.

HÄNDLERN ALLES GLAUBEN

Wenn Sie einen Gegenstand kaufen, dann nur, weil er Ihnen gefällt, aber nicht, weil er angeblich alt oder echt oder aus anderen Gründen wertvoll sein soll. Kaum eine der angebotenen Designertaschen ist aus Leder, und die Luxusuhren gehen schnell kaputt.

OHNE ADRESSE LOSZIEHEN

Zieladressen sollte man immer in chinesischen Schriftzeichen dabeihaben. Wenn diese nicht hier im Band vermerkt sind, dann im Hotel aufschreiben lassen! Sammeln Sie überall und von jedem zweisprachige Visitenkarten ein. Taxifahrer sprechen nur selten Englisch und können die lateinischen Buchstaben nicht lesen. Englische (Hotel-) Namen sind zudem meist keine Übersetzung der chinesischen Bezeichnung.

RAUBKOPIEN KAUFEN

Dann kann es schon beim chinesischen Zoll zu Scherereien kommen. Wenn dann noch der deutsche Zoll Einfuhrzoll auf Ihre angeblich echte Gucci-Tasche erhebt, hat sich der Kauf nicht gelohnt.

SCHUHPUTZERN AUF DEN LEIM GEHEN

Besonders in der Nähe des People's Square arbeitet eine Gang, die Kunden für eine Bezahlung von „only ten!" anlockt. Wenn das Schuhwerk glänzt, wollen sie nicht zehn Yuan, sondern zehn Dollar kassieren. Verabreden Sie vorher einen festen Preis. Es gibt nämlich auch ehrliche Schuhputzer. Sollte Ihnen dennoch einmal jemand frech kommen, drohen Sie einfach mit der Polizei, dann sind Sie ihn schnell los.